大家小书

怎样使用标点符号（增订本）

苏培成 著

北京出版集团公司
北京出版社

图书在版编目（CIP）数据

怎样使用标点符号 / 苏培成著. — 增订本. — 北京：北京出版社，2017.8（2024.7 重印）
（大家小书）
ISBN 978 - 7 - 200 - 13016 - 4

Ⅰ. ①怎… Ⅱ. ①苏… Ⅲ. ①汉语—标点符号—使用方法 Ⅳ. ①H155

中国版本图书馆 CIP 数据核字(2017)第 109203 号

总策划：安　东　高立志　　责任编辑：王忠波　孔伊南

· 大家小书 ·

怎样使用标点符号（增订本）

ZENYANG SHIYONG BIAODIAN FUHAO

苏培成　著

*

北京出版集团公司
北京出版社　出版
（北京北三环中路 6 号　邮政编码：100120）

网　址：www.bph.com.cn
北京出版集团公司总发行
新华书店经销
北京华联印刷有限公司印刷

*

880 毫米 ×1230 毫米　32 开本　11.75 印张　199 千字
2017 年 8 月第 1 版　2024 年 7 月第 6 次印刷

ISBN 978 - 7 - 200 - 13016 - 4

定价：59.00 元

如有印装质量问题，由本社负责调换
质量监督电话：010 - 58572393

序　　言

袁行霈

“大家小书”，是一个很俏皮的名称。此所谓“大家”，包括两方面的含义：一、书的作者是大家；二、书是写给大家看的，是大家的读物。所谓“小书”者，只是就其篇幅而言，篇幅显得小一些罢了。若论学术性则不但不轻，有些倒是相当重。其实，篇幅大小也是相对的，一部书十万字，在今天的印刷条件下，似乎算小书，若在老子、孔子的时代，又何尝就小呢?

编辑这套丛书，有一个用意就是节省读者的时间，让读者在较短的时间内获得较多的知识。在信息爆炸的时代，人们要学的东西太多了。补习，遂成为经常的需要。如果不善于补习，东抓一把，西抓一把，今天补这，明天补那，效果未必很好。如果把读书当成吃补药，还会失去读书时应有的那份从容和快乐。这套丛书每本的篇幅都小，读者即使细细地阅读慢慢地体味，也花不了多少时间，可以充分享受读书的乐趣。如果把它们当成补药来吃也行，剂量小，吃起来方便，消化起来也容易。

我们还有一个用意，就是想做一点文化积累的工作。把那些经过时间考验的、读者认同的著作，搜集到一起印刷出版，使之不至于泯没。有些书曾经畅销一时，但现在已经不容易得到；有些书当时或许没有引起很多人注意，但时间证明它们价值不菲。这两类书都需要挖掘出来，让它们重现光芒。科技类的图书偏重实用，一过时就不会有太多读者了，除了研究科技史的人还要用到之外。人文科学则不然，有许多书是常读常新的。然而，这套丛书也不都是旧书的重版，我们也想请一些著名的学者新写一些学术性和普及性兼备的小书，以满足读者日益增长的需求。

“大家小书”的开本不大，读者可以揣进衣兜里，随时随地掏出来读上几页。在路边等人的时候，在排队买戏票的时候，在车上、在公园里，都可以读。这样的读者多了，会为社会增添一些文化的色彩和学习的气氛，岂不是一件好事吗？

“大家小书”出版在即，出版社同志命我撰序说明原委。既然这套丛书标示书之小，序言当然也应以短小为宜。该说的都说了，就此搁笔吧。

我与标点符号研究

苏培成

1951年6月，吕叔湘、朱德熙两位先生开始在《人民日报》连载《语法修辞讲话》，其中的第六讲是《标点》。我认真地学了这部书，对标点有了初步的认识。1951年9月，中央人民政府出版总署公布了《标点符号用法》，这是新中国成立后公布的第一套《标点符号用法》。1957年暑期，我考入北大中文系汉语言文学专业，1959年进入语言专门化，决定了今后的学术方向。“文革”期间我在北京一所中学教语文，利用业余时间编写了一本讲述标点符号的小册子，书名叫《怎样使用标点符号》，1974年1月由北京人民出版社出版。这是我编写有关标点符号的读物的开始。在这之后，我又编写了《标点符号的应用》，作为《大众实用语文丛书》的一种，1986年6月由中国物资出版社出版。1987年初，我参加了国家语言文字工作委员会组织的标点符号课题组，负责修订1951年版的《标点符号用法》，负责人是语用所的龚千炎先生。课题组断断续续地工作了三年，完成了修订工作。1990年3月，国家语委和新闻出版署联合发布了修订后的《标点符号用法》。1992年，中国社会科学出版社约我编写一本《标点符号实用手册》，我根据1990年发布的《标点符号用法》进行编写，于1994年4月出版。修订后的《标点符号用法》比较成熟，受到社会各方面的欢迎。根据国家技术监督局的提议，课题组将修订后的《标点符号用法》改制为中华人民共和国国家标准《标点符号用法》（GB／T 15834—1995）（简称“1995年《标点》”）。国家技术监督局1995年12月13日发布，1996年6月1日起实施。《标点符号实用手册》经过修改，1999年1月改由语文出版社出版，这就是《标点符号实用手册》（修订本）。后来又对《标点符号实用手册》（修订本）进行增订，成为《标点符号实用手册》（增订本），2010年3月由外语教学与研究出版社出版。这段时间内我还写了多篇有关标点符号的文章。

2016年年底，北京出版社决定把《标点符号实用手册》（增订本）收入“大家小书”丛书，我很高兴。因为我的第一本研究标点的小书《怎样使用标点符号》就是由北京人民出版社出版的，那时我40岁；过了42年，我的研究标点的书又回到北京出版社，到2017年我的书出版时，我已82岁。

为了感谢北京出版社对我的支持，我将书名改为《怎样使用标点符号（增订本）》。1974年出版的《怎样使用标点符号》内容简略，这次增订主要根据我写的《标点符号实用手册》。

标点符号的使用是与时俱进的，它的规范也是不断发展的。讲解标点用法的著作必须随时关注标点用法的发展和政府规范的发布。2011年12月30日，中华人民共和国国家质量监督检验检疫总局和中国国家标准化管理委员会发布了《标点符号用法》（GB／T 15834—2011），这是有关标点符号用法的最新的国家标准。我学习了这一版的《标点符号用法》，结合自己的认识，在本书中调整了以下内容：

1. 增加了不同形式括号用法的说明；

2. 增加了省略号前后点号用法的说明；

3. 增加了对三种不同形式的连接号的用法说明；

4. 明确了书名号的使用范围；

5. 补充了标点符号的位置和书写形式；

6. 在《标点符号用法》（GB／T 15834—2011）规定的17种标点符号之外，增加了隐讳号、虚缺号、象声号、示亡号、标示号五种不常使用的标号。

《标点符号用法》（GB／T 1 5834—2011）中的以下四点，我没有采纳：

1. 在“标点符号的种类”里已经讲了点号和标号的种类，而在每种标点的定义里又分别注明是“点号的一种”或是“标号的一种”，这种重复没有必要，应该删去。

2. 新增的术语“语段”，“指语言片段，是对各种语言单位（如词、短语、句子、复句等）不做特别区分时的统称”。这个术语没有必要，有时反而造成理解的困难。例如，讲句号的基本用法时说“使用句号主要根据语段前后有较大停顿、带有陈述语气和语调。并不取决于句子的长短”，这句中的“语段”不如改为“句子”。因为句号只用在句子的后面，与其他语言单位没有关系。

3. 对句末点号的定义做了修改，强调句末点号用来表达句子语气。我认为句末点号的首要作用是表示句末的停顿，而不是表示某种语气。这样修改句末点号的定义是舍本逐末。

4. 在句号用法补充规则里说：“图或表的短语式说明文字，中间可用逗号，但末尾不用句号。”而实际情况是末尾使用句号的也很多。

我希望经过这次修改，这本小书会比较符合目前标点符号使用的实际，对读者在正确使用标点符号上有些帮助。不妥之处，敬请读者指正，谢谢。

2017年2月1日 于北大燕北园

目 录

标点符号的使用

有关标点符号的短论

附录

标点符号的使用

0 标点符号总说

0.1 标点符号的性质

标点符号简称标点，是辅助文字记录语言的符号，是现代书面语里不可缺少的组成部分。交通标志、产品代号、数理化符号、科技符号等，都不是记录语言的，所以都不是标点符号。标点在现代书面语里不是可有可无，而是一定要有。因为只靠文字来记录语言常常是不够的，还需要标点来帮助。古书不加标点，读起来很吃力。现代人写的白话文如果不用标点，有时别人也很难完全看懂。请比较下面两段文字：

（1）A　正像数学推理非借助一套适当的数学符号不能进行一样没有语言思维的产生和日常运用未必更能想象没有人相信数学命题即使是最难的注定要依靠一套任意性

的符号但是不可能设想没有符号人的心灵会得出这个命题或把它掌握住作者本人颇以为许多人觉得能不用语言来思想甚至推理只是一种错觉这种错觉似乎是由好几个因素造成的其中最简单的是没有能区分印象和思维

（1）B　正像数学推理非借助一套适当的数学符号不能进行一样，没有语言，思维的产生和日常运用未必更能想象。没有人相信数学命题，即使是最难的，注定要依靠一套任意性的符号；但是不可能设想，没有符号，人的心灵会得出这个命题或把它掌握住。作者本人颇以为许多人觉得能不用语言来思想，甚至推理，只是一种错觉。这种错觉似乎是由好几个因素造成的，其中最简单的是没有能区分印象和思维。（萨丕尔《语言论》中译本，第10页）

（1）A不用标点，读起来相当吃力；（1）B用了标点，理解它就容易得多。近年来，有人提倡“无标点文字”，主张写文章不用标点。这是要回到文言文的时代，恐怕得不到大多数人的赞同。

用错了标点，也会造成理解的困难。下面这篇文章的题目是《一个逗号的删改》：

（2）在昨天通过的《中华人民共和国宪法（修正案）》中，其中涉及对土地和私有财产征收、征用及补偿问题的条文，删除了一个小小的逗号。人们也许并不知道，为了删改这个逗号，大会主席团向代表们提交了长达450余字的解释和说明。

《宪法（修正案草案）》中的相关表述为："国家为了公共利益的需要，可以依照法律规定对土地实行征收或者征用，并给予补偿。""国家为了公共利益的需要，可以依照法律规定对公民的私有财产实行征收或者征用，并给予补偿。"在审议时，点在"并给予补偿"前面的一个逗号引起了有些代表的疑虑。有代表提出，以上两处规定中的"依照法律规定"，是只规范征收、征用行为，还是也规范补偿行为，应予明确。由于对此有不同理解，有些代表建议将"补偿"明确为"公正补偿""合理补偿""充分补偿""相应补偿"等等。

大会主席团经研究认为，《宪法（修正案草案）》上述两处规定的本意是："依照法律规定"既规范征收、征用行为，包括征收、征用的主体和程序，也规范补偿行为，包括补偿的项目和标准。为了避免理解上的歧义，建议在最终的定稿中将上述两个规定中"并给予补偿"前面的逗号删去，修改为：“国家为了公共利益的需要，可以依照法律规定对土地实行征收或者征用并给予补偿。”“国家为了公共利益的需要，可以依照法律规定对公民的私有财产实行征收或者征用并给予补偿。”（《北京晚报》2004−03−15）

【香港《明报》2009年1月29日报道】题：国防白皮书风波罪在句读。文章说：

（3）中国新的《国防白皮书》公布后，引发了一场“文字官司”，出事的就是这句话：“中国主张所有核武器国家明确承诺全面、彻底销毁核武器，并承诺停止研发新型核武器，降低核武器在国家安全政策中的作用。”

白皮书公布的翌日，海外各媒体都将“中国承诺停止研发新型核武”作为大新闻，一些内地媒体也一度发出类似报道，以致有网民在网上留言质疑中国是否“自废武功”。但多日后，官方媒体引述内地“军事专家”出来澄清，中国并未承诺停止研发新型核武，海外的报道是“断章取义的误读”。

白纸黑字是怎样引起“断章取义的误读”的呢？原来，

问题就出在句读上。原文的本意是“中国主张所有核武器国家承诺停止研发新型核武器”，并非中国本身做出承诺。但这句话（特别是中间的逗号）令人产生了歧义，似应改为：“中国主张：所有核武器国家明确承诺全面、彻底销毁核武器，并停止研发新型核武器，降低核武器在国家安全政策中的作用。”（《参考消息》2009-01-30）

这个例子告诉我们，写文章一定要注意正确使用标点符号，特别要注意避免歧义，防止引起误读。

郭沫若说：“标点一定要恰当。标点好像一个人的五官，不能因为它不是字就看得无足轻重。标点错了，意义也就变了。”叶圣陶说：“标点很要紧。一个人标点不大会用，说明他语言不够清楚。”吕叔湘、朱德熙说：“我们必须首先有一个认识：标点符号是文字里面的有机的部分，不是外面加上去的。它跟旧式的句读号不同，不仅仅是怕读者读不断，给它指点指点的。每一个标点符号有一个独特的作用，说它们是另一形式的虚字，也不为过分。应该把它们和‘和’‘的’‘呢’‘吗’同样看待，用与不用，用在哪里，都值得斟酌一番。”这些话都很有道理，我们应该花一些工夫学会正确使用标点符号。

0.2 标点符号的作用

标点符号的作用是辅助文字记录语言，具体说主要有三个方面：

0.2.1表示停顿。说话时句子完了之后要有停顿，句子里面也常常有大小不等的停顿。在书面语中，这些停顿要用标点来表示。例如：

（4）我没有亲见；听说，她，刘和珍君，那时是欣然前往的。（鲁迅《记念刘和珍君》）

（4）中的句号表示句子完了之后的停顿，同时还表示陈述语气；分号和逗号表示句子里面的不同性质的停顿。

有时，同一段文字用的标点不同，表示的停顿不同，意思也不同。例如：

（5）A　他找不到老张，老李很着急。

B　他找不到老张、老李，很着急。

（6）A　北京队打败了上海队，获得了冠军。

B　北京队打败了，上海队获得了冠军。

（7）A　不这样做，不对。

B　不，这样做不对。

（5）A没有被找到的是老张，着急的是老李；（5）B没有被找到的是老张和老李，着急的是他。（6）A北京队获胜了，得了冠军；（6）B上海队获胜了，得了冠军。（7）A只有这样做才对；（7）B不能这样做，这样做不对。

0.2.2表示语气。每个句子都有一定的语气，说话时要用不同的语调来表示。在书面语中，要表示语调只有使用标点。比如有人问："明天参观，你去不去？"如果回答是："我不去。"句子末尾用了句号，表示陈述语气，意思是明天我不去参观。如果回答是："我不去？"句子末尾用了问号，表示反问语气，意思是谁说我不去，我要去。

0.2.3标明需要标明的词句。文章中有些词句和通常用法不同，带有某种特殊性质。为了使书面语更加精确，便于读者理解，这样的词句要用标点来标明。例如：

（8）打死人当然是犯罪，但打"死人"是否犯罪？日前，云南省富源县大河乡三位李姓村民，就因为侮辱他人尸体，

被法院判了刑。(《北京晚报》2001-02-28)

(9)这是巴金自己的家，也是巴金的小说《家》中的“家”，同时更是当时千百个封建家庭的“家”。巴金的著名小说《家》的意义就在于要冲破这个不再温暖的封建旧家，去外面的广阔的世界寻找和建立一个新的家。(《北京晚报》1999-02-21)

(8)“打死人”和“打‘死人’”结构不同，表达的意思也不同。“打死人”应该分析为“打死|人”，是动宾结构，“死”是“打”的补语，意思是把人打死了。“打‘死人’”应该分析为“打|‘死人’”，虽然也是动宾结构，但动词“打”的宾语是“死人”。“打死人”的说法比较常见，但“打‘死人’”却很少见。为了区别这两种不同的结构，要给不常见的“打‘死人’”里的“死人”加上引号。(9)这个例子里一共有七个“家”，从标点符号的使用看分为三种情况。一般意义的“家”不加标点，作为小说名的“家”要加书名号，而小说《家》里的“家”要加引号。

0.3 标点符号的种类

《标点符号用法》中共有常用的标点符号17种，分为点号和标号两大类。这些标点符号可以列为下表：

- 标点符号
  - 点号
    - 句末点号
      - 句号
      - 问号
      - 叹号
    - 句内点号
      - 逗号
      - 顿号
      - 分号
      - 冒号
  - 标号
    - 引号
    - 括号
    - 破折号
    - 省略号
    - 着重号
    - 连接号
    - 间隔号
    - 书名号
    - 专名号
    - 分隔号

点号的作用是点断，表示说话时的停顿和语气。点号又分为句末点号和句内点号。句末点号有句号、问号和叹号3种，表示句末的停顿，同时表示句子的语气。句内点号有逗号、顿号、分号、冒号4种，表示句内的各种停顿。

标号的作用是标明，标明需要标明的词、短语和句子，有的标号也表示某种停顿和语气。标号有引号、括号、破折号、省略号、着重号、连接号、间隔号、书名号、专名号、分隔号共10种。

0.4 标点符号的历史

从出土文献看，春秋末年侯马盟书和战国早期随县擂鼓墩竹简已经出现用小横线作为文句末尾的标点。战国中晚期之间的长沙子弹库帛书残片用了钩形符号煞句，还用黑色长方符号表示一章的终结。战国时楚简在断句的地方，往往在字的右下角加一个标记。不过并不是所有简文都这样做，加或不加带有随意性。

汉代经师解经时，常常提到句和读（ dòu ）。大体说来，文辞语义已经完结的地方叫作句，语义未完而须停顿的地方叫作读。读书时，在句和读处要用符号来标明，标明句读的符号也叫句读。汉代许慎著的《说文解字》中有两个字，一个是𠄌，一个是丶。𠄌音jué，是钩识用的，就是句；丶音zhǔ，是绝止用的，就是读。后来句改用小圆圈，读改用瓜子点。这就是我国传统的标点符号。宋代朱熹编注《四书章句集注》时，在章节之间用圆圈隔开。

到了近代，社会生活日益复杂，白话文的使用渐趋广泛。传统的标点符号种类太少，不敷应用，于是一套新的标点就应运而生了。新式标点符号产生在清末至民初。1896年完成，1897年在香港出版的王炳耀的切音字著作《拼音字谱》，其中有一套自定的标点符号，这是最早的新式标点符号。1906年，朱文熊的《江苏新字母》在日本出版，书中使用了他自定的标点符号，并采用横排。《新青年》杂志从1916年9月出版的第二卷起，使用“ 。”和“ ，”两种符号。1919年4月，马裕藻、周作人、朱希祖、刘复、钱玄同、胡适六人在国语统一筹备会第一次大会上，提出了《请颁行新式标点符号议案》，获得通过。1920年北洋政府教育部批准了这个议案，这是我国第一套法定的新式标点符号。“标点”二字始见于《宋史》，《宋史·儒林传·何基传》：“凡所读，无不加标点，义显意明，有不待论说而自见者。”《议案》正式采用了“标点符号”这个名称，共列符号十二种。关于符号的形式，有的是沿用我国固有的，如句号（。）、点号（、）；有的是从英文借用的，如问号（？）、惊叹号（！）；有的是新创造的，如书名号（﹏﹏）。

0.5《标点符号用法》的公布与修订

1951年9月，中央人民政府出版总署公布了《标点符号用法》。这是我国政府公布的第二套标点符号。它包括了十四种符号，即：句号、逗号、顿号、分号、冒号、问号、感叹号、引号、括号、破折号、省略号、着重号、专名号和书名号。同年10月5日，中央人民政府政务院发出《关于学习〈标点符号用法〉的指示》，要求“全国各级人民政府机关处理文件人员、各报刊出版机关编辑人员、各学校语文教员和学生，一律加以学习，务使今后一切文件和出版物，均按该件规定，统一标点符号的使用”。《标点符号用法》的公布，对克服标点符号使用中的混乱现象起到了积极的作用。

从20世纪50年代到80年代，汉语书面语发生了许多变化，文稿和出版物由直行改为横行，有些标点的用法也有了改变，因此原有的规定要做必要的调整。1987年初，国家语言文字工作委员会决定，由语言文字应用研究所、中国社会科学院语言研究所和北京大学中文系的研究人员共同组成修订《标点符号用法》课题组，对1951年的《标点符号用法》进行修订。经过三年的工作，到1990年初完成了修订任务。1990年3月，国家语言文字工作委员会和新闻出版署联合发布了修订后的《标点符号用法》。这是第三套法定的标点符号。这次修订主要有以下五个方面：

1. 变直行用的标点符号为横行用的标点符号；

2. 修订了部分标点符号的定义；

3. 更换了例句；

4. 简化了说明；

5. 增加了连接号和间隔号。

考虑到《标点符号用法》在社会上的影响较大，规定也较为成熟，1994年，在国家技术监督局的提议下，国家语言文字工作委员会和新闻出版署进一步听取了各方面的意见，将1990年修订的《标点符号用法》改制为中华人民共和国国家标准本《标点符号用法》（GB/T　15834—1995）。国家技术监督局1995年12月13日发布，1996年6月1日起实施。制定和实施国家标准《标点符号用法》是加强语言文字规范化、标准化的切实措施，将在语文生活中产生积极的影响。2011年12月30日，中华人民共和国国家质量监督检验检疫总局和中国国家标准化管理委员会发布了《标点符号用法》（GB/T 15834—2011），这是由教育部语信司组织力量研制的、有关标点符号用法的最新的国家标准。

0.6 标点符号的学习

为了学会正确使用标点，就要学习一些语法知识。语法是语言的结构规律，学习语法就是学习语言的结构规律。因为标点是辅助文字记录语言的，它的使用必须符合语言的结构规律。一个人缺少语法知识，比如不知道什么是句子、什么是短语、什么是名词，等等，就很难读懂讲解标点用法的书，也很难做到正确使用标点。其实，学习语法知识还不单是为了正确使用标点，更重要的是为了学会正确组词造句。缺乏语法知识的人，在组词造句时也常常会出现错误。有些标点使用上的毛病，正是由于句子组织得不合理而造成的。所以，我们希望学习标点的朋友们，要学一些语法知识。学习语法知识，要建立句子观念，就是要分清什么是个句子，什么不是个句子。然后，再学习各种句子的结构。

学习标点，首先要学会使用句号和逗号。在十几种标点中，这两种最重要。表示句末停顿，主要用句号；表示句内停顿，主要用逗号。以这两种标点为基础，再扩展到其他点号，就比较容易。

学习每种标点时，先要掌握它的主要用法，然后再掌握其他用法。这样就可以做到以简驭繁，事半功倍。

1 句号（。）

1.1 句号的形式

句号的基本形式是小圆圈，是从我国古代的句读号继承下来的。它的辅助形式是小圆点，是从西方语文中借来的，一般用在科技文献中。因为在科技文献中，有时用字母加下标的形式表示量。如果句末恰巧遇到用数字0或者拉丁字母O作下标时，就容易和小圆圈的句号相混。如：在$y=a_1+a_。$中，就不知道这个小圆圈是下标0还是句号。所以在科技文献中句号多用小圆点。例如：

（1）焦耳定律可以用下面的公式来表示：$Q=I^2RT$.（初中课本《物理》）

书面语中使用的小圆点并不都是句号，有些只是和句号同形。非句号的小圆点，常见的有：

1. 小数点：3.1416　48.52%

2. 下脚点，表示年月的省略：1993.10.1

3. 下脚点，用在作序号的阿拉伯数字的后边：

1.2.3.4.……

最近一些年来，科技文献中的句号使用小圆圈的有增多的趋势，小圆点句号的存废还要观察一段时间再做决定。

1.2 句号的主要用法

句号表示陈述句末尾的停顿。从出现的位置说，句号是句末点号，它只能用在句子的末尾，而不能用在句子的内部。要学会使用句号，首先要分清什么是句子。一个语言格式不论长短，只要是能够独立地表达相对完整的意思的，就是句子。“我在北大上学”是句子，因为它说明了“我”在做什么。“我在北大上学的时候”不是句子，只是句子的一部分，因为它没有说明我在北大上学的时候发生了什么事情。说话的时候，每个句子都带有一定的语调，前后都有停顿。写下来的时候，在末尾要用句末点号。

其次，还要知道句子有不同的类型。不同类型的句子带有不同的语调，要用不同的句末点号。按照作用，句子可以分为四类，就是陈述句、疑问句、祈使句和感叹句。陈述句是说明事实的，可以是单句，也可以是复句，末尾都要用句号。例如：

（2）发展循环经济是推进生态文明建设，实现经济绿色转型的必由之路。（光明日报 2016-12-16）

（3）记者从财政部了解到，为支持各地春耕备耕，调动广大农民种粮积极性，减轻冬春旱情可能对今年粮食生产的影响，稳定粮食生产，中央财政在强化支农惠农政策的同时，进一步加大了重大支农专项资金的预拨力度。（《光明日报》2009-04-19）

（4）病危通知单。（毕淑敏《预约死亡》）

（5）此后又有近处的本家和远处的亲戚来访问我。（鲁迅《故乡》）

（2）至（5）这四个陈述句都是单句。再细分，（2）（3）是主谓句，（4）（5）是非主谓句。这四个句子的句末都用了句号。

（6）中国是一个文明古国，今天正在积极进行现代化建设。（周有光《中国语文的时代演进》）

（7）冬日将尽，窗外终于飘起北京入冬以来的第一场雪。（《人民日报》2009-04-02）

（8）我很想详细地知道这故事，但阿长是不知道的，因为她毕竟不渊博。（鲁迅《从百草园到三味书屋》）

（9）跟照相机只是把外界景物的图像映在照相软片上不同，人眼并不是把投射到视网膜上的图像一点不漏地传给大脑，而是先对图像进行信息加工，抽取线段、角度、弧度、运动、色度和明暗对比等包含重要信息的简单特征，并把它们编制成神经密码信号，再传给大脑。（王谷岩《眼睛与仿生学》）

（6）至（9）这四个陈述句都是复句。再细分，（6）（7）是单重复句，（8）（9）是多重复句。它们的末尾也都用了句号。

在早期白话文中，文章末尾作者署名的后边也可以用句号，这种形式现在已经不用。例如：

（10）……

茅盾　1932年12月。（茅盾《子夜·后记》）

1.3 句号的误用

1.3.1少用句号。把几个句子合为一个句子。例如：

*（11）王瑛同志生前担任四川省南江县委常委、纪委书记，多年从事纪检监察工作，曾获“全国纪检监察系统先进工作者标兵”等多项荣誉，罹患肺癌后，坚持与病魔做顽强斗争，一直坚守在工作岗位上，2008年11月27日因病情恶化，在送往医院途中不幸去世，年仅47岁。

*（12）鞭炮厂说炸伤范曦眼睛的礼花炮外包装上虽然写明是他们厂出品的，但实际上是冒牌货，他们根本就没有生产过这种礼花炮，为了证明这一点，他们还给记者提供了一份全部产品的清单，上面礼花炮的品种多达五六十种，其中确实没有名为“金银满地”的礼花炮。

（11）说的是三个意思：王瑛同志获得的荣誉，患病后仍坚守在工作岗位上，2008年不幸去世。要改成三个句子，第三和第

* 号表示这个句子在标点使用上有不妥当的地方。下同。

六两个逗号要改为句号。（12）说的是四层意思：炸伤眼睛的是冒牌货，他们没有生产过这种产品，提供产品清单，清单上没有这种产品。要改成四个句子，第二、第三和第五这三个逗号要改为句号。

*（13）几天来，我向他的遗体告别了，参加了他的追悼会，见到了他的夫人和子女，我多少次流下了眼泪，至今我每每想到他，便是止不住地悲从中来，老泪盈眶，孩子们不大能理解我，他们劝我不要过于哀痛，伤了身体。

*（14）8月2日下午5时左右，有一个被自行车撞成脑重伤的小男孩被送到朝阳医院，这时，正巧副食店的杨经理来医院探视病人，她走到正处于半昏迷状态的小男孩身旁，把耳朵贴到男孩子嘴边，询问他的姓名、住址，凭着几句含糊不清的话语，杨经理和好心的司机一起，在派出所同志的帮助下，终于找到了孩子的家长，晚10时，孩子做了开颅手术，保住了性命。

这两个句子都缺少句号，一逗到底。（13）要改成三个句子。第一句说几天来参加的悼念活动，第二句说对死者的思念，第三句说孩子们的劝慰。第五和第八两个逗号要改为句号。另外，“我每每想到他”要改为“我每当想到他”。（14）要改成五个句子。第一句说小男孩被送到医院，第二句说杨经理见到此事，第三句说杨经理询问孩子的姓名住址，第四句说找到了孩子的家长，第五句说孩子做了手术。第二、第四、第七、第十一这四个逗号都要改为句号。

缺少句号的句子很常见，是什么原因造成这种误用呢？一个语言片段，意思和结构都很完整，明明是句子，可有的人就是不愿用句号，怕隔断和下面意思的联系。其实这种顾虑是不必要的。一个句群内的几个句子，彼此之间当然有联系，没有联系怎么能组织到一起呢？我们要注意的是，联系有松有紧。在联系较松的地方，就应该用句号断开，这样会使层次清楚，便于理解。

1.3.2多用句号。把一个句子拆成几个句子。例如：

*（15）规则规定：五人制足球比赛场地长为38至42米，宽18至22米。球门宽3米、高2米。

*（16）我国地质科学工作者在天山西段发现的近二百个种属的寒武纪三叶虫化石和其他海洋生物化石。向人们证实，高耸的天山原是浩瀚的大海，距今五亿年以前的西天山地区是一个狭长的海峡。

（15）是一个单句，由于多用了一个句号，结果成为结构和意义都不完整的两个句子。第一个句号要改为逗号。“42米”后的逗号改为顿号。这种误用本来不难发现，可是却出现在读者的面前。造成的原因可能是作者的粗心，也可能是排校不细。（16）和（15）类似，从开头到“生物化石”是主语，“化石”的后面不能用句号断开。这个句子改正有点困难。“化石”后面如果不用逗号，读起来吃力；如果用了逗号，和“证实”后面的逗号又离得太近，把句子拆得太散。较好的办法是把这个句子改为两句：

（17）我国地质科学工作者在天山西段发现了近二百个种属的寒武纪三叶虫化石和其他海洋生物化石。这些化石向人们证实，高耸的天山原是浩瀚的大海，距今五亿年以前的西天山地区是一个狭长的海峡。

在复句的分句间多用了句号，就会把分句当成了独立的句子。例如：

*（18）产生经费紧张的原因，一个是实在缺得太多。另一个是在教育战略目标、教育结构和教育经费使用效率

上也存在一些问题。

*（19）两年前，我当兵来到溺水河畔。从事的工作是种菜。

*（20）这项技术的关键是攻克了氧气不能接触油类的禁区。降低了生产成本和氧气耗量。优于国内任何新的金属焊割气。

*（21）尽管森林的破坏会给人类社会造成极其严重的后果。但这在一切文明国家中又是不可避免的。

（18）（19）（20）（21）实际都是一个句子。（18）和（19）的第一个句号要改为逗号。（20）的前两个句号都要改为逗号。（21）“尽管”和“但”搭配，“但”的前边就只能用逗号。如果“但”“但是”的前面没有“尽管”“虽然”等连词搭配，它前边也可以用句号。例如：

（22）一九一一年孙中山先生领导的辛亥革命，废除了封建帝制，创立了中华民国。但是，中国人民反对帝国主义和封建主义的历史任务还没有完成。（《中华人民共和国宪法·序言》）

有时在同一段文字中，误用句号的两种情况都存在着。例如：

*（23）两年以后，这种情况又被他父亲知道了，他父亲认为达尔文“游手好闲”“荒废学业”。决定送他到剑桥大学学神学，希望他将来成为“尊贵的牧师”。

（23）第二个逗号要改为句号，第一个句号要改为逗号。

1.4 句号的其他用法

1.4.1用在语气舒缓的祈使句的末尾。祈使句是表示要求的，要求听话人做某事或不做某事。祈使句由于内容不同、对象不同，所带的语气也不相同，有的舒缓，有的强烈。语气舒缓的祈使句，在末尾要用句号。例如：

（24）“把你的手伸到床右边褥垫底下。”她不容置疑地指示我。（毕淑敏《预约死亡》）

（25）“兰医生，托您给我带个话。”郁容秋突然扶着床沿睁开眼，声音清朗得如同婴儿的第一声啼哭。（毕淑敏《女人之约》）

1.4.2用在语气舒缓的反问句的末尾。反问句是特殊的疑问句，特点是明知故问，只问不答。末尾通常用问号（参见2.2.2），语气强烈的也可以用叹号（参见3.2.2），语气舒缓的就可以用句号。例如：

（26）小丁说："没钱的换有钱的，还能不同意。你也得注意。"（何申《年前年后》）

（27）我对曾祺、松卿说："这个年过得真够惨的了。"曾祺说："有鸡吃就行了，还要吃什么。"（何孔敬《长相思——朱德熙其人》）

（26）"还能不同意"是反问句，意思是"不能不同意""一定同意"。（27）"还要吃什么"是反问句，意思是"不要吃什么"。

2 问号（？）

2.1 问号的主要用法

问号表示疑问句末尾的停顿。要学会使用问号，先要弄清什么样的句子是疑问句。疑问句一般是用来提出问题，希望得到对方回答的。疑问句都带有疑问语气，末尾有较大的停顿，在书面上要用问号。

从说话人对所提问题的态度说，有的是有疑而问，如：“您找谁？”有的是疑信参半，说话人对所谈的问题有某种看法但是不能确信，提出来征询对方意见，如：“您是找我吗？”有的是无疑而问，只是要求对方回答，如：“您知道我是谁？”

从结构上说，疑问句分为四类，就是是非问句、特指问句、选择问句、反复问句。不管是哪种类型的疑问句，末尾都要用问号。

2.1.1表示是非问句末尾的停顿。是非问句是说话人提出一种看法、一个判断，希望对方做出肯定或否定的回答。例如：

（1）我听了着了迷，就问：“今天晚上我能看见吗？”（张允和《张家旧事》）

（2）“郁容秋真的没有康复的希望了？”女厂长问。（毕淑敏《女人之约》）

（1）是肯定的是非问句，（2）是否定的是非问句。

2.1.2表示特指问句末尾的停顿。特指问句是用疑问词提出疑问点，希望对方针对疑问点做出回答。例如：

（3）我不说话，东张西望看风景。倒是德熙先开了口：“我该叫你什么呢？”（何孔敬《长相思——朱德熙其人》）

（4）“最近怎么样？”兰医生问女邻居，她觉得她的气色越来越不佳了。（毕淑敏《女人之约》）

（5）2017年，你要去哪里？（《新京报》2017-01-18）

2.1.3表示选择问句末尾的停顿。选择问句是说话人提出几种可能的情况，希望对方从中加以选择做出回答。每种可能的情况构成一个选择项，几个选择项组成选择问句，在全句的末尾用问号。例如：

（6）德熙笑问松卿："你这么着急催我快走，是为了去吃那顿午餐呢，还是去听先生的演讲呢？"（何孔敬《长相思——朱德熙其人》）

（7）你觉得在家里种地好，还是在这里学习好？（孙犁《风云初记》）

几个选择项也可以组成句群，用"是……？还是……？"连接，在每个句子的末尾都用问号。例如：

（8）还是历来惯了，不以为非呢？还是丧了良心，明知故犯呢？（鲁迅《狂人日记》）

（9）这是在迷惘的梦中？还是在死亡的门前？（谌容《人到中年》）

几个选择项是组成句子，还是组成句群，主要看写作的人的态度。当他不想强调每个选择项的独立性时，就组成句子；反之，如果要强调每个选择项的独立性时，就组成句群。如果组成句群的每项都很短，强调独立性的意味就更加明显。例如：

（10）究竟什么力量是强大的呢？生活？岁月？精神？（张洁《沉重的翅膀》）

（11）怎样认识时间？它是一个圆圈？一支飞箭？一条奔向大海的河流？一只骰子？一架不断加速的宇宙飞船？（刘心武《钟鼓楼》）

2.1.4表示反复问句末尾的停顿。反复问句也叫正反问句，说话人用肯定和否定重叠的方式提出问题进行询问，希望对方做出回答。例如：

（12）这几年一直摆在我们脑子里的问题是，我们提出的到本世纪末翻两番的目标能不能实现，会不会落空？（邓小平《发展中日关系要看得远些》）

（13）我又问坐在我左手边的马希文先生："身上有钱没有？"（何孔敬《长相思——朱德熙其人》）

2.1.5表示由叹词构成的疑问句末尾的停顿。例如：

（14）方　六　明师傅，您挑一张画儿吧！

明师傅　啊？我要画儿干吗呢？（老舍《茶馆》）

（15）咦？我的手绢呢？（曹禺《家》）

（14）的“啊”，（15）的“咦”，都是由叹词构成的疑问句。

2.2 问号的次要用法

2.2.1表示设问句末尾的停顿。设问句是特殊的疑问句，它的特点是无疑而问，自问自答。写文章的人为了突出说话的重点，以引起读者的思考，可以就下文要说的内容先提出问题，然后再说出自己的看法。设问句的末尾要用问号。例如：

（16）我们当前以及今后相当长一个历史时期的主要任务是什么？一句话，就是搞现代化建设。（邓小平《坚持四项基本原则》）

（17）这十年的成绩哪里来的？是从改革开放得来的。（邓小平《改革开放政策稳定，中国大有希望》）

2.2.2表示反问句末尾的停顿。反问句也是特殊的疑问句，特点是明知故问，只问不答。不要求对方回答，自己也不做出回答，因为自己的看法在发问中已经清楚地表示出来了。使用反问句并不是要提出问题，而是为了更有力地说明自己的观点。反问句的末尾常常要用问号。四种类型的疑问句都可以构成反问句，不过以是非问句和特指问句构成的居多。由这两种类型疑问句构成的反问句有个特点：形式上是肯定的，所表达的意思是否定的；形式上是否定的，所表达的意思是肯定的。例如：

（18）多少年来我们挨骂挨得多了，骂倒了吗？（邓小平《中国不允许乱》）

（19）所有这些合在一起，不正是读书最美的风景？（《光明日报》2017-01-26）

（20）有了这么坚定的信心和坚强的力量，就算是从头再来，我们何愁不能再建一个更好的新北川？（《光明日报》2009-04-25）

（21）太阳可以有行星，为什么别的恒星就不能有呢？（《宇宙里有些什么》）

（18）（19）是由是非问句构成的反问句，（18）的意思是否定的，（19）的意思是肯定的。（20）（21）是由特指问句构成的反问句，（20）的意思是否定的，（21）的意思是肯定的。

由选择问句和反复问句构成的反问句，作者的真实意思要靠语境来确定。例如：

（22）四嫂，你真不知道？你还是装傻？（曹禺《家》）

（23）你看弄成这个样子伤心不伤心？（赵树理《登记》）

（24）你自己看看打扮得像个人不像？（赵树理《小二黑结婚》）

（22）是由选择问句构成的反问句，作者要表示的意思是你装傻。（23）（24）是由反复问句构成的反问句。（23）的意思是伤心，（24）的意思是不像个人。

有些由选择问句构成的反问句，作者对提出的几个选择项都是否定的。例如：

（25）冯铁匠　为什么呢？是我的把式不地道？还是教的不得法？

丁双喜　不是！（老舍《神拳》）

反问句带有的反问语气十分强烈时，末尾也可以用叹号，参见3.2.2；反问语气舒缓时，末尾也可以用句号，参见1.4.2。

2.3 问号的误用

2.3.1不该用问号而误用。在非疑问句的末尾用了问号，这种误用很常见。有的人有一种误解，以为句子中有了“谁”“什么”等疑问词就是疑问句，其实不是这样。“谁”“什么”等疑问词固然常用在疑问句中，可不是只能用在疑问句中，这些词也可以用在非疑问句中。换句话说，一个句子是不是疑问句不能只看有没有这类疑问词，要看它是不是带有疑问语气，是不是希望对方回答。下面的句子虽有疑问词，但不是疑问句，末尾也不用问号：

（26）他来到北海岸边，细心观察：哪天桃花开了，哪天柳絮飞了，哪天布谷鸟叫了。(《卓越的科学家竺可桢》)

（27）他问老人的儿子是干什么的，住在哪里。（陈广生《人民的勤务员》）

下面各句都不是疑问句，不该用问号：

*（28）关于什么是智力？国内外争论多年也没有定论。

*（29）同志们都感到莫名其妙，不知道是怎么一回事？

*（30）一心一意地搞数学，搞得他发呆了。有一次，自己撞到树上，还问是谁撞了他？

（28）中的问号改为逗号，（29）（30）中的问号要改为句号。

有的句子内带有疑问结构“是……还是……”“是否”等，这样的句子也不一定就是疑问句，还是要根据整个句子的功能，才能决定是不是疑问句。如果不是疑问句，句末就不要用问号。例如：

*（31）她独自走着，低着头，分不清天上下的是雨，是雪，还是雪珠儿？

*（32）现在人们关心的是像这样的千古奇冤，今后是否还会出现？

（31）（32）都是陈述句，句末的问号都要改为句号。

可是像这样的疑问结构如果独立成句，带有疑问语气，末尾就要用问号。例如：

（33）有人问杨晓，你们来以前是否想到要取得好成绩？

下面的句子没有疑问词语，也不是疑问句，句末不能用问号：

*（34）我感到自己的无知，也感到了丑石的伟大，我甚至怨恨它这么多年竟会默默地忍受着这一切？

*（35）她大名叫凤英，还是个团书记呢？

*（36）“哎，”大队会计催促道，“你到底要不要？”对方像费很大的劲，说：“好，来个五十斤吧？”

（34）（35）的问号要改为叹号。（36）的第二个问号要改为句号。

2.3.2该用问号而误用其他标点。应该用问号而没有用的例子，偶尔也能见到。这多半是由于粗心造成的。例如：

*（37）23天的激战后，以色列和哈马斯的发言人都说自己“胜利了”，只有巴勒斯坦老人，在房屋两次重建又第三次炸毁后问，“为什么总是我们付出代价”。

（37）“问”后的逗号改为冒号，“付出代价”的后边用问号，去掉全句末尾的句号。

2.4 问号的叠用

有时为了表示极端强烈的疑问语气，可以把两个或三个问号叠用在一起。例如：

（38）读完信，钱亭章在信上写了这样两行又粗又黑的字：“如此恶劣作风跟国民党有什么两样？这个粮站的站长是怎么当的？？这个验质员为何如此胆大妄为，敢于欺压售粮的群众？？？”（《光明日报》1985-11-27）

但是，这种叠用形式不能滥用。表示强烈的疑问语气主要靠在用词造句上想办法，如果用词造句没有力量，单靠使用几个问号是无济于事的。下面这个句子只用一个问号就够了：

*（39）实现四个现代化的重任就落在我们这一代人身上，我们应该怎样做才不辜负人民的期望呢？？？

2.5 问号的其他用法

2.5.1只表示疑问语气，而不表示句末的停顿。当疑问句被引用来成为更大的结构的一部分时，为了保留原有的疑问语气，句末的问号仍可保留，不过这时的问号已经不表示句末的停顿。例如：

（40）在护国寺街西口和新街口没有一个招呼“西苑哪？清华呀？”的。（老舍《骆驼祥子》）

（41）我国现有网民已达150万，共有14000个网站注册。“你上网了吗？”已和“你吃饭了吗？”一样，成为人们互致问候的口头禅之一。（《北京晚报》1999–01–15）

2.5.2用在某些词语的后边，表示存疑。这样用的问号是标号，外边常加括号。例如：

（42）打（？）瓜，类似西瓜而小，白瓤无沙性，黑子却很大，种植者意在收瓜子，所以行经瓜地可以白吃，只要把瓜子给留下即可。（张中行《吃瓜》）

（43）《武林旧事》有“大（太？）学馒头、羊肉馒头”，接下去有“细馅、糖馅、豆沙馅”等等，疑皆省去“馒头”二字。（吕叔湘《馒头和包子》）

（42）对打瓜的“打”字是不是这么写，作者有怀疑。（43）作者怀疑“大”应该是“太”。

2.5.3用作疑问的代号。例如：

（44）$245^2-24\times18=$？

（45）为了转移我自己的精神视觉，我拿起一本《十月》，但那密密麻麻的铅字，都变成一串的“？”——我无法平息自己莫名其妙的焦躁心情，端起茶杯，走出了这令人窒息的五号车厢。（《1981短篇小说选》第466页）

（46）我想，“？”乃是哲学工作者从事哲学思考的灵魂，离开了“？”怎么会有新思想出现呢？（《读书》1988年10期）

3 叹号（！）

3.1 叹号的主要用法

要掌握叹号的用法，先要掌握什么是感叹句。感叹句是抒发强烈感情的，同时也传递信息。感叹句带有的感情是多种多样的，如：愉悦、欢畅、烦闷、悲伤、愤激、惊异、叹息、悔恨、怜悯等，末尾要用叹号。

3.1.1 表示一般感叹句末尾的停顿。一般感叹句多带有“多”“多么”“真”“好”等语气副词，或“啊”“呀”“呵”等语气词。例如：

（1）近一二十年来，世界科学技术发展得多快啊！（邓小平《在武昌、深圳、珠海、上海等地的谈话要点》）

（2）这样庞大而复杂的结构，该是一项多么艰巨的工

程啊！（《雄伟的人民大会堂》）

（3）真是一个怪女人！（毕淑敏《女人之约》）

（4）白头发。白胡子。陈丹青见到爷爷，不由得说出三个字："好样子！"（祝勇《张汀的画梦》）

（5）这是一幅何等详尽的配载图啊！（柯岩《汉堡港的变奏》）

（6）"尝尝，可甜哩！"（《光明日报》2017-01-26）

3.1.2表示标语口号末尾的停顿。标语口号多用感叹句。例如：

（7）伟大的中华人民共和国万岁！

（8）今天，在为人民教师庆贺节日的时候，我们向广大教师致以热烈的祝贺和亲切的慰问,并致以崇高的敬意！（《中国青年报》1988-09-10）

（9）他的英名和事业将永垂不朽！（恩格斯《在马克思墓前的讲话》）

3.1.3表示由叹词构成的感叹句末尾的停顿。例如：

（10）"呀！我忘了在裤带上打一个结！"小英子说。（汪曾祺《受戒》）

（11）唉呀！真不巧，德熙去学校上课了，你请屋里来喝杯茶再走。（何孔敬《长相思——朱德熙其人》）

（10）的“呀”，（11）的“唉呀”，都是叹词句，末尾都用了叹号。

如果叹词不独立成句，和其后的语句联系比较紧密，后面用逗号（参见4.1.12）。例如：

（12）回头向岭上望去，哦，秋色更浓了。（峻青《秋色赋》）

3.1.4表示由应对语、呼唤语构成的感叹句末尾的停顿。例如：

（13）金先生很注意地听着，完了，说：“Yes！请坐！”（汪曾祺《金岳霖先生》）

（14）“喂！一手交钱，一手交货！”一个浑身黑色的人，站在老栓面前，眼光正像两把刀，刺得老栓缩小了一半。（鲁迅《药》）

（13）“Yes”是应对语，（14）“喂”是呼唤语，后边都用了叹号。

应对语、呼唤语的末尾也可以用句号或逗号（参见4.1.12）。例如：

（15）“是的。那就是回光返照。”（毕淑敏《预约死亡》）

（16）“好，我答应你！”女厂长郑重地说。（毕淑敏《女人之约》）

（17）不，不，不用。（曹禺《雷雨》）

（18）喂，在上面的朋友，你让什么东西给迷住了心？（叶圣陶《古代英雄的石像》）

3.1.5表示由称呼语构成的感叹句末尾的停顿。例如：

（19）同志们！我们的事业无比壮丽，我们的前途无限光明。（邓小平《工人阶级要为实现四个现代化作出优异贡献》）

（20）大妈！封凉台不？贴壁纸不？打家具不？（毕淑敏《预约死亡》）

称呼语的末尾也可以用逗号（参见4.1.11）。演说词中的称呼语，后边也常用冒号（参见7.2.1）。

3.1.6表示咏叹事物属性的感叹句末尾的停顿。例如：

（21）阿呀，这样的婆婆！（鲁迅《祝福》）

（22）这样的年纪，这样的命！（叶圣陶《夜》）

3.1.7表示说明事物呈现的感叹句末尾的停顿。例如：

（23）哎呀，日本！（孙犁《荷花淀》）

（24）啊，血！（峻青《黎明的河边》）

3.1.8表示由斥责语构成的感叹句末尾的停顿。例如：

（25）浑蛋！（张天翼《华威先生》）

（26）阿Q，你这混小子！（鲁迅《阿Q正传》）

3.1.9表示由象声词构成的感叹句末尾的停顿。例如：

（27）乒！敌人听说是红军就慌乱地开枪了。（杨得志《大渡河畔英雄多》）

（28）呜！呜，呜，呜——

汽笛叫声突然从那边远远的河身的弯曲的地方传了来。（茅盾《春蚕》）

象声词不独立成句，而用作某种句法成分时，后边不用叹号。例如：

（29）月亮地下，你听，啦啦的响了，猹在咬瓜了。（鲁迅《故乡》）

（29）“啦啦”作状语，后边不用叹号。

3.2 叹号的次要用法

3.2.1表示语气强烈的祈使句末尾的停顿。祈使句要求听话人做某件事情或不做某件事情，语气舒缓的祈使句的末尾用句号（参见1.4.1），语气强烈的祈使句末尾用叹号。例如：

（30）“集合！”刚还热闹的班里瞬间鸦雀无声，战士们迅速站成一排，表情严肃。（《北京晚报》2017-01-25）

（31）让英语为我们打开世界的窗户！（《中华读书报》2001-08-22）

（32）现在油田已进入高含水期，老人喊出的口号还是那么催人奋进："要让死井复活！"（《光明日报》2009-09-09）

3.2.2表示语气强烈的反问句末尾的停顿。反问句是特殊的疑问句，特点是明知故问，只问不答。反问句末尾常用问号（参见2.2.2），语气舒缓的反问句末尾用句号（参见1.4.2），语气强烈的反问句末尾用叹号。例如：

（33）年头儿变了，谁还喂得起骆驼！（老舍《骆驼祥子》）

（34）牛奶面包都会有的，着什么急嘛！（《光明日报》2017-01-21）

（35）王福升　各人有各人的家，谁还能一辈子住旅馆？

陈白露　（低声，自语）是啊，谁还能一辈子住旅馆！（曹禺《日出》）

（35）中的"谁还能一辈子住旅馆"是反问句，出现了两次，一次末尾用问号，一次用叹号。王福升是一般的议论，末尾用问号；陈白露说这话时，饱含辛酸，痛苦难言，末尾用了叹号。

3.2.3表示语气强烈的陈述句末尾的停顿。陈述句和感叹句是两种不同类型的句子，带有不同的语气。陈述句是说明事实的，但有时也带有比较强烈的感情；感叹句是抒发强烈感情的，同时也传递信息。陈述句带有十分强烈的感情时，末尾可以用叹号。例如：

（36）资本主义就没有控制，就那么自由？最惠国待遇也是控制嘛！（邓小平《善于利用时机解决发展问题》）

（37）适逢新中国成立60周年，我们更应该缅怀那些先烈们！（《人民日报》2009-04-02）

（38）科学发展经历了很多摸索，但现在回看，从干细胞到类器官的体外培养，简单得让人惊叹！（《光明日报2017-01-19》）

（39）我告诉她旅馆名称和房间号数。三妹吃了一惊："旅馆？我不去！"（张允和《最后的闺秀》）

（40）校长很郑重地对这位女学生说："我知道沈从文顽固地爱你！"（张允和《张家旧事》）

（41）“有人！有人！”伴着阵阵作响的山风，搜救人员听到了被困人员的呼喊。（《北京晚报》2009-05-08）

3.3 叹号的误用

3.3.1不该用叹号而误用。这是叹号使用中常见的毛病，主要出现在陈述句的末尾。我们前面说过，陈述句的末尾应该用句号，只有当它带有十分强烈的感情时，末尾才可以用叹号。有人误以为只要带有感情，末尾就要用叹号。例如：

*（42）要警惕违法人员利用电话行骗作恶！也不能为了赚钱而忽视必要的财务规定和要求！

*（43）面对这严峻的挑战，怎么办？实践告诉我们：只有开拓技术市场，实行技术商品化，才能使科学技术迅速转化为生产力！

*（44）他听了父亲的话，只好闷闷地回到自己的房子里去！

上面句中的叹号，除（42）的第一个改为逗号外，其余的都改为句号。

叹号是句末点号，不能用在句内。有人看到语气词就在后面用叹号，不管语气词是不是在句末，不管是不是感叹句。下面例子中的叹号要改为逗号：

*（45）我激动的心啊！一时一刻都没有平静。

*（46）祖国壮丽的大自然啊！就像一块巨大的磁石强烈地吸引着游子的心。

*（47）那醉人的绿呀！仿佛一张极大极大的荷叶铺着，满是奇异的绿呀。

3.3.2在疑问句末尾误用叹号。疑问句末尾要用问号，不应该用叹号。下面句子中的叹号要改为问号：

*（48）“怎么吃饭没花钱！”她纳闷地问道。

3.4 叹号的其他用法

3.4.1用在某些词语的后边，表示感叹。这样用的叹号是标号，不表示语气和停顿。叹号这样用时，外面要加括号。例如：

（49）不断的（！）努力一些，切勿想以一年半载，几篇文字或几本期刊，便立了空前绝后的大勋业。（鲁迅《鲁迅译著书目》）

（50）记得前几年，《狂飙》停刊时，同时这位常燕生先生也曾有文章发表，大意说《狂飙》攻击鲁迅，现在书店不愿出版了，安知（！）不是鲁迅运动了书店老板，加以迫害？（鲁迅《做古文和做好人的秘诀》）

3.4.2用作惊叹的代号。例如：

（51）“！”王奎惊得嘴张开了，却没发出声来。（贾平凹《山地笔记·成荫柳》）

（52）！！！——张海迪的事迹令人惊叹。（《中国青年》1983年4期）

3.5 叹号的叠用

两个或三个叹号叠用在一起，可以加强感叹语气。有时是先单用，再叠用，表示语气不断加强。例如：

（53）震区土地在呻吟！灾区农业在告急！！（《光明日报》2009-05-13）

（54）“好！！！”从人丛里，便发出豺狼的嗥叫一般的声音来。（鲁迅《阿Q正传》）

（55）第二天，新华社记者来访。他见到了陈景润，谈了话，进他房间看了看。回去就写了一篇报道，立即在内部刊物上发表。其中，谈到了陈景润的经历；他刻苦研究的精神；重大科研成果以及他现在还住在一间烟熏火烤的小房间里。生活条件很差！疾病严重！！生命垂危！！！（徐迟《哥德巴赫猜想》）

（55）“进他房间看了看”后边的句号要改为逗号。

叹号的叠用也用来表示声音巨大或声音不断加大。例如：

（56）轰！！！

在这天崩地塌价的声音中，女娲猛然醒来，同时也就向东南方直溜下去了。（鲁迅《补天》）

（57）“哎呀，你父亲要断气了。快叫呀！”衍太太说。

“父亲！父亲！”我就叫起来。

“大声！他听不见。还不快叫？！”

“父亲！父亲！！”（鲁迅《父亲的病》）

3.6 问号和叹号的叠用

“？！”或“！？”是问号和叹号的叠用，表示既有疑问语气，又有感叹语气。它主要用于两种情况：

3.6.1用于带有强烈感情的反问句的末尾。例如：

（58）一个从未摸过电脑的人，一下子要改用电脑写作，迈过这道坎谈何容易？！（叶永烈《必须跨过这道坎》）

（59）郁容秋像年画一般艳丽，面颊白里透红，双唇晶莹闪亮，翘起的睫毛像蝴蝶的触须一般轻盈颤动着……哪里有这样美丽的垂危病人？！（毕淑敏《女人之约》）

3.6.2用于带有惊愕语气的疑问句的末尾。例如：

（60）万顺集团董事长周善红是做汽车配件出身的，最近他要做空调生意，朋友见了都很惊讶：这时候还做空调？！（《光明日报》2002-01-14）

（61）最不可思议的是，这家“恢宏大典”的编纂委员会，

如此这般地广聘、滥聘“名誉主编”究竟图的是什么？！（《光明日报》2002–10–17）

不要滥用这种叠用形式。疑问和感叹本来是两种不同的语气，需要叠用的情况并不多。遇到兼有疑问和感叹两种语气的时候，要仔细考虑是用问号，还是用叹号。下面几句中的叠用形式都是不必要的：

*（62）白杨在迎风呼号，那是为老汉在呜咽，还是为这不平在愤怒！？

*（63）当整个遗址暴露在世人面前时，那将是多么壮美的景观？！

*（64）在推土机轰鸣声中，居民们正在议论的是应该盖平房，还是盖楼房？！

（62）要改为问号，（63）要改为叹号，（64）要改为句号。

4 逗号（，）

4.1 逗号的用法

逗号表示句子内部的一般性停顿。什么是“一般性停顿”？我们在0.3中说过，句内点号有四种，就是逗号、顿号、分号和冒号，其中顿号、分号和冒号表示的是句子内部某种特定结构中的停顿。具体地说，就是：顿号表示句子内部并列词语之间的停顿，分号表示复句内部并列分句之间的停顿，冒号表示提示性话语之后的停顿。我们写文章，遇到有停顿，需要使用句内点号时，到底使用哪一种，要根据语句的结构来决定。如果这种停顿不适合使用顿号、分号和冒号，那么就都可以使用逗号。和顿号、分号、冒号表示的是特定结构中的停顿相对而言，我们把逗号表示的停顿叫作“一般性停顿”。在四种句内点号中，逗号最重要，使用最频繁。

句子按照结构分为单句和复句。下面先说单句内的逗号，再说复句内的逗号。

4.1.1表示主语和谓语之间的停顿。在主谓句中，如果主语或谓语比较长，或者主语和谓语都比较长，说话时中间有停顿，写下来就要用逗号。例如：

（1）游说作为资产阶级内部各利益团体为一己之利而影响政府决策的重要工具，自产生之初便与政治腐败紧密联系在一起。（《光明日报》2009-05-14）

（2）“振兴中华”这个响亮的口号，便是中国民主革命先行者孙中山先生在中日甲午战争发生的那年喊出来的。（《光明日报》2009-05-05）

（3）仅有40余人的中铁五局第三项目部九分公司，创造了半年时间完成产值1000万元的高原施工佳绩。（《光明日报》2002-06-30）

（1）主语较长，（2）谓语较长，（3）主语和谓语都较长：这三个句子的主语和谓语之间都用了逗号。

如果主语和谓语都不很长，中间就不用逗号，如：“他正在学习数学。”

4.1.2表示需要强调的主语之后的停顿。例如：

（4）风，更猛了。雪，更大了……（杜鹏程《夜走灵官峡》）

（5）贫穷，威胁着仍然困于衣食的普通农家子弟受教育的权利。（邵燕祥《哀教育》）

4.1.3表示带有语气词的主语之后的停顿。例如：

（6）龙须沟啊，不是坏地方！（老舍《龙须沟》）

（7）她丈夫呢，就想着十点钟得到部里去。（莫泊桑《项链》）

4.1.4表示前置的谓语之后的停顿。例如：

（8）出来吧，你们！（孙犁《荷花淀》）

（9）反正跑不了，这个死丫头。（曹禺《日出》）

4.1.5表示较长的宾语之前的停顿。例如：

（10）你也知道，那并不是一个像春天那样的风和日暖、百花争艳、万物生机勃发、许多有生命的东西热切地殷殷求偶的美好季节。（白瑜《爱的挽颂》）

（11）在恩施新的官员绩效考评表中，记者看到，增加了生态指标、环保指标、减排指标等。（《光明日报》2009-05-15）

（10）的宾语是主谓短语，（11）的宾语是动宾短语。这两例的宾语较长，动词和宾语之间用了逗号。

一般说来，动词和宾语联系比较紧密，中间不用逗号，如："他从来没有想到自己是一个垂危的病人。"（《鞠躬尽瘁》）

4.1.6表示句首状语之后的停顿。例如：

（12）三年前，一项烧伤救治基金在济南设立。（《光明日报》2009-05-08）

（13）在北京闹市中心，有一家公共浴池。（萧乾《天体》）

（14）在信息化社会，作为信息的主要承载体的语言和文字将发挥更神奇的作用。（周有光《人类文字的传播和演变》）

（12）的状语表示时间，（13）的状语表示地点，（14）的状语表示“语言和文字将发挥更神奇的作用”的条件。

句首状语之后没有停顿时，就不用逗号，如：“当时我并不想到他们为什么年年要演戏。”（鲁迅《社戏》）

4.1.7表示由介宾短语构成的句内状语之后的停顿。例如：

（15）这位80岁的南京大屠杀幸存者，在经过九年的跨国官司后，终于获得了来自日本的赔偿。（《时代周报》2009-04-27）

（16）在事主毫无察觉的情况下，就被盗走了钱款。（《北京晚报》2017-01-26）

（15）中的“在……后”，（16）中的“在……下”，都是由介宾短语构成的状语，后面用了逗号。这种状语后边没有停顿时，就不用逗号，如：“你把我的虾吓跑了！”（鲁迅《社戏》）

4.1.8表示后置状语之前的停顿。例如：

（17）如果我能够，我要写下我的悔恨和悲哀，为子君，为自己。（鲁迅《伤逝》）

“为子君，为自己”是后置状语。这类状语多由介宾短语充当，多出现在文学作品中。

4.1.9表示后置定语之前的停顿。例如：

（18）我们曾和党内的机会主义倾向作斗争，右的和“左”的。（毛泽东《论人民民主专政》）

（18）“右的和‘左’的”是“机会主义倾向”的后置定语。

4.1.10表示并列词语之间的停顿。例如：

（19）在延安，美的观念有更健康的内容，那就是整洁，朴素，自然。（吴伯箫《歌声》）

（20）战鼓声，金锣声，呐喊声，叫号声，啼哭声，马蹄声，车轮声，机翼声，掺杂在一起，像千军万马混战了起来。（鲁彦《听潮》）

（21）这个讲话共分六讲：（1）语法的基本知识，（2）词汇，（3）虚字，（4）结构，（5）表达，（6）标点。（《语法修辞讲话·引言》）

（19）“整洁，朴素，自然”，是并列的词作宾语。（20）“战鼓声……机翼声”，是并列短语作主语。它们之间的停顿都用了逗号。（21）冒号后面提示出来的并列词语，中间用逗号（参见7.2.3）。

并列词语之间的停顿，也可以用顿号。顿号表示的停顿要比逗号短（参见5.1）。

4.1.11表示称呼语之后的停顿。例如：

（22）“小印，你的话有意思，含有一定的科学性。”（池莉《烦恼人生》）

（23）德熙一眼看见母亲，紧凑前几步，紧紧地握住母亲的手，哽咽地说：“姆妈，我们回来了。”（何孔敬《长相思——朱德熙其人》）

称呼语独立成句时，后边的停顿用叹号（参见3.1.5）。称呼语具有提示性时，后边用冒号（参见7.2.1）。

4.1.12表示应对语、呼唤语、感叹语之后的停顿。例如：

（24）划了一气，小英子说：“你不要当方丈！”“好，不当。”（汪曾祺《受戒》）

（25）“嘿，又轮到你带崽子了。”（池莉《烦恼人生》）

（26）“哟，弄了这么些菜，等谁呢？”（述平《上天自有安排》）

（24）“好”是应对语，（25）“嘿”是呼唤语，（26）“哟”是感叹语。它们的后边都用了逗号。

应对语、呼唤语、感叹语，独立成句时就成了感叹句，后边要用叹号（参见3.1.3和3.1.4）。

4.1.13表示独立成分之后的停顿。例如：

（27）“吹面不寒杨柳风”，不错的，像母亲的手抚摸着你。（朱自清《春》）

（28）总的来说，这个决议是个好决议，现在这个稿子是个好稿子。（邓小平《对起草〈关于建国以来党的若干历史问题的决议〉的意见》）

（29）据说，这就是梅雨潭之所以得名了。（朱自清《绿》）

（30）总而言之，白蛇娘娘终于中了法海的计策，被装在一个小小的钵盂里了。（鲁迅《论雷峰塔的倒掉》）

独立成分如果是插在句内，说时前后有停顿，写下来前后都要用逗号。例如：

（31）保护方言，从某种意义上说，也是保护历史。（《光明日报》2016-12-13）

（32）有的手术，如焊接视网膜，甚至都不用麻醉。（《奇特的激光》）

（33）联大同学也有不跑警报的，据我所知，就有两人。（汪曾祺《跑警报》）

独立成分在句末，就只在前面用逗号。例如：

（34）成绩好的有奖励，譬如奖一辆纺车，奖手巾、肥皂、笔记本之类。（吴伯箫《记一辆纺车》）

这里还要补充两点。第一点，称呼语、应对语、呼唤语、感叹语，也是独立成分。只是因为它们有时可以独立成句，与其他的独立成分不同，我们才单列出来加以说明。第二点，有的独立成分和它前后的成分联系较紧，说的时候没有停顿，写下来也不用逗号。例如：

（35）苏州园林据说有一百多处，我到过的不过十多处。（叶圣陶《苏州园林》）

（35）“据说”是独立成分，它的前边和后边都没有用逗号。

4.1.14表示“所以”“但是”“否则”等连词之后的停顿。例如：

（36）因为我们是为人民服务的，所以，我们如果有缺点，就不怕别人批评指出。（毛泽东《为人民服务》）

（37）真理是平凡的，易懂的。但是，把真理付诸实践却并非易事。（《光明日报》1979-12-26）

（38）我说：我是自己先抽去了几根骨头的，否则，连“剩下来”的也不剩。（鲁迅《花边文学·序言》）

（39）人的生命是有限的，可是，为人民服务是无限的。（陈广生《人民的勤务员》）

要注意的是，这类连词的后面并不一定要用逗号，更确切地说，经常不用。用或不用，如果不影响意义的表达，作者可以自由选择。

4.1.15表示复句内各分句之间的停顿。复句内部各分句间的停顿，除了有时要用分号外，都用逗号。例如：

（40）严肃查处腐败案件是政绩，有效预防腐败案件

也是政绩。(《人民日报》2009-04-02)

(41)小英子出了庙，闻着自己的衣服都是香的。(汪曾祺《受戒》)

(42)这十多个少年，委实没有一个不会凫水的，而且两三个还是弄潮的好手。(鲁迅《社戏》)

(43)通宝，你是卖茧子呢，还是自家做丝？(茅盾《春蚕》)

(44)虽然天山这时并不是春天，但是有哪一个春天的花园能比得过这时天山的无边繁花呢？(碧野《天山景物记》)

(45)租、债一向倒很少亏欠，因为租佃借钱的人怕菩萨不高兴。(汪曾祺《受戒》)

(46)如果我没有猜错的话，你就是雷锋同志。(陈广生《人民的勤务员》)

(47)一个成年人，即使一点工作也不做，一天也要消耗一千四百大卡的能量。(《食物从何处来》)

(48)除非老管事病故，才会延聘一位新管事。(汪曾祺《异秉》)

上面列出的是复句的几种主要类型：(40)并列关系，(41)承接关系，（42）递进关系，（43）选择关系，（44）转折关系，（45）因果关系，（46）假设关系，（47）让步关系，（48）条件关系。这些复句的各分句间都用了逗号。分句间用分号的，参见6.1。

4.2 使用逗号应该注意的问题

4.2.1注意使用的规范性和灵活性。规范性指该用的地方一定要用，不该用的地方一定不能用。有的时候，该用而没用，或不该用而用，都会影响意义的表达。例如：

*（49）我在武汉听了毛委员演说三个月之后，又在郑州听到了谭延闿对湖南农民运动的恶毒攻击，什么“糟得很”“痞子运动”等等。

*（50）《暂拟汉语教学语法系统》把语气词“的、地、得”，“了、着、过”三种毫不相干的词硬捏到“助词”一类里，就不能算是“科学的”；这个词类的定义就不好下，划分词类的标准也不好用。

*（51）为本公约目的，“对妇女的歧视”一词是指基于性别而作的任何区别、排除和限制其作用或目的是要妨

碍或破坏对在政治、经济、社会、文化、公民或任何其他方面的人权和基本自由的承认以及妇女不论已婚未婚在男女平等的基础上享有或行使这些人权和基本自由。

上面三例都少用了逗号。（49）“演说”后面缺少逗号，必须加上，否则就变成“演说三个月”了。“三个月之后”的逗号要去掉。（50）“语气词”后边缺少逗号。由于缺少逗号，读者就会把“的、地、得”当成了语气词，实际上“的、地、得”是结构助词，不是语气词。（51）这是联合国《消除对妇女一切形式歧视公约》中文本的第一条，语病甚多。从标点的使用说，在“限制”和“基本自由的承认”的后边都要加上逗号。

*（52）因认真执行规定，对收购进来的有病猪肉，未按该站主任的意图，加盖“合格肉”图章，以致遭到迫害。

*（53）不久前，还在上海见过面的潘任达，竟患癌症与世长辞了。

上面二例都多用了逗号。（52）“意图”后面的逗号要去掉。“未”这个否定词一直管到“加盖‘合格肉’图章”，意思是未盖“合格肉”图章。由于多用了逗号，意思正相反，变成加盖了“合格肉”图章。（53）“不久前”是修饰“见过面”的，不是修饰“与世长辞”的，它后边的逗号要去掉。

使用逗号的灵活性指的是，在不影响意思表达的前提下，有些逗号用或不用，作者可以自由决定。例如：

（54）经济承包，是经济体制改革中出现的新事物。

（55）我要把有限的生命，投入到无限的为人民服务之中去。

（54）“经济承包”如果不特别强调，后面可以不用逗号。（55）整个句子不算太长，不用逗号读起来也并不吃力。

逗号是多用好，还是少用好？这要看句子的结构和表达的功能。有时为了取得某种特定的表达效果，故意多用逗号或少用逗号。例如：

（56）“那倒，确是，一个妥当的，办法。”老娃说，“我们，现在，就将他，拖到府上来。府上，就赶快，收拾出，一间房子来。还，准备着，锁。”（鲁迅《长明灯》）

（57）没有月亮。连星光也没有。黑洞洞的，夫妻俩默默地躺着。谁也不想开口。都知道，只要一说话，必定离不开癌，离不开死，离不开生离死别的种种一切。于是必定离不开眼泪。他们已经哭过一个下午。他们的心哭疼了，哭碎了。（《人民文学》1985 年 1 期）

（56）故意多用逗号，这是为了刻画老娃的形象，写他说话时结结巴巴。（57）故意少用逗号，使得句子简短，烘托压抑的气氛。

一般来说，逗号不宜用得太多。我们说逗号表示句子内部的一般性停顿，意思是只在有停顿的地方才可以用逗号，并不是说每个有停顿的地方一定要用逗号。人们说话有快有慢，话说得慢时，一个句子内可能有几个或大或小的停顿。如果不考虑是否便于阅读，一律使用逗号，就可能把句子拆得太散。下面句子中有的逗号可以不用。例如：

*（58）总之，这部文集，触及了当代一系列重大的学术问题，相信有心的读者，会从中得到深刻的启示。

（58）第二、第四这两个逗号最好去掉。

4.2.2逗号表示的停顿和语句的结构不能相去太远。说话时的停顿和句子的结构，在大多数情况下是一致的，可也不是一点儿矛盾也没有。说话时要求相邻的两个停顿不能离得太近，也不能离得太远，这就可能和句子的结构产生矛盾。例如：

（59）我希望每一个同学都要有这个崇高的理想，把自己最好的年华贡献给这个崇高的伟大的共产主义事业。（陶铸《崇高的理想》）

（60）你以为你们那些代表们，那些领袖们都可靠么？（曹禺《雷雨》）

（59）这个句子的宾语是个复杂的复句形式，动宾的分界在“希望”的后边。实际说话时，在“希望”的后边可以没有停顿。（60）“你以为”的宾语是“你们……都可靠么”，“你们那些代表们”和“那些领袖们”是并列短语。为了便于阅读，“你以为”的后面不用逗号。

连词“和”“与”“以及”等的前边，按照结构不需要有停顿，可是为了便于阅读，可以用逗号。例如：

（61）待了会儿，老程回来了，端着两大碗甜浆粥，和不知多少马蹄烧饼与小油炸鬼。（老舍《骆驼祥子》）

（62）学着运用这种形式来描写人民的斗争、劳动，以及人民的思想感情。（杨朔《〈海市〉小序》）

说话时的停顿和句子的结构可以不完全一致，但是不能相去太远，超出了一定的范围，就成了误用。例如：

*（63）通知指出目前，许多地方乱砍滥伐树木、贩运倒卖木材成风，对森林资源破坏很严重，必须采取有力措施，迅速予以制止。

（63）“目前”后边的逗号要移到“指出”的后边。

4.3 逗号的误用

4.3.1 少用逗号。就是该用的地方而没有用，不便于阅读。例如：

*（64）由著名的音乐总监兼首席指挥谭利华带领的

北京交响乐团欧洲巡回演出乐队于日前在贝尔格莱德素有绿色“萨瓦”之称的音乐大厅上演了一场别开生面的音乐会。

*（65）由王胜洪率领的中国青年代表团在结束对马达加斯加的10天友好访问后于今天离开塔那那利佛回国。

（64）“欧洲巡回演出乐队”后最好用逗号。（65）“代表团”和“访问后”的后边要用逗号。

4.3.2多用逗号。这样就容易把句子分割得过分细碎。例如：

*（66）到目前为止，全市已有407所民办学校，开设了100多种专业，在校生近10万人，初步形成了多学科、多类型、多层次的比较完善的社会教育体系。

*（67）据了解，目前，大昌古镇的移民工作已经基本就绪。

*（68）他把这几年，村里的大小变化，全都告诉了我。

（66）的第二个逗号，（67）的第二个逗号，（68）的第一个逗号，都要去掉。

4.3.3在该用别的点号的地方误用了逗号。最常见的是在该用句号的地方而用了逗号。例如：

*（69）10年改革，使北京市农场系统发生了巨大变化，1977年以前，国家平均每年要向农场系统补贴300万元，10年后的今天，国营农场系统已成为北京重要的农副产品供应基地。

*（70）那个黄昏，我已然丧失了对外部世界的正常反应，视野有多大，她的形象便有多大；想象力有多丰富，她的神情就有多少种暗示。

*（71）田华同志说，她认真看过这些信后，郑重地转给有关部门，这种精神值得赞扬。

（69）“巨大变化”后的逗号要改为句号。“300万元”后的逗号要改为分号。（70）“正常反应”后的逗号要改为句号。（71）“这种精神值得赞扬”不是田华说的话，是本文作者赞扬田华的话。第三个逗号要改为句号。在“这种精神”的前边加上“她的”。

也有和其他点号混用的。例如：

*（72）有法可依，有法必依和执法必严，违法必究，

是健全和完备社会主义法制不可缺少的互相联系的两个方面，都是当前亟待解决的重要问题。

*（73）联系人：阎焕文，电话：2010883。

（72）第一和第二两个逗号要改为顿号。（73）“阎焕文”后的逗号要改为分号。

5 顿号（、）

5.1 顿号的主要用法

顿号表示句子内部并列词语之间的停顿。“词语”指的是词和短语，短语也叫词组。并列词语可以是两项，也可以多于两项。用顿号隔开的并列词语可以充当各种句法成分。例如：

（1）到后来，凤仙花、石竹子、水蓼、淡竹叶、天竺果子、腊梅花，他都能画。（汪曾祺《受戒》）

（2）说话声、欢笑声、唱歌声、嬉闹声，响遍了整个海滩。（峻青《海滨仲夏夜》）

（3）整个欢迎场面，庄重、热烈、简朴，前后不过半小时。（《光明日报》1988-09-22）

（4）世界上万事万物都永远在那儿运动、变化、发展，

语言也是这样。（吕叔湘《语文常谈》）

（5）我们历来提倡有理想、有道德、有文化、有纪律，其中最重要的是有理想、有纪律。（邓小平《中国只能走社会主义道路》）

（6）这是一间很大的病房，有吊灯、冰柜、遥控彩电……（毕淑敏《女人之约》）

（7）在每条溪流的旁边，都有很多战士用脸盆、饭盒子、茶缸煮粥吃。（陆定一《老山界》）

（8）近日，我怀着万分崇敬的心情，瞻仰了这座巍峨、雄伟、庄严的纪念碑。（周定舫《人民英雄永垂不朽》）

（9）中国是一个商品经济发育程度很低、国内各地区发展很不平衡、拥有10亿人口的大国。（《光明日报》1988-09-17）

（10）中国人在国际交往方面，应当坚决、彻底、干净、全部地消灭大国主义。（毛泽东《纪念孙中山先生》）

（11）研究事物发展过程中的各个发展阶段上的矛盾的特殊性，不但必须在其联结上、在其总体上去看，而且必须从各个阶段中矛盾的各个方面去看。（毛泽东《矛盾论》）

（12）当时合肥有五大家族：周、李、刘、蒯、张，张家敬陪末座，也算得是望族。（张允和《张家旧事》）

（13）桑叶含有水、蛋白质、糖类、脂肪等成分。（《春蚕到死丝方尽》）

（14）崖下已经聚集了很多马匹，都是昨晚不能过去、要等今天全纵队过完了再过去的。（陆定一《老山界》）

（15）一天、两天、三天，病人的病情果然开始好转。（《光明日报》2016-12-13）

（1）并列的词作主语。（2）并列的短语作主语。（3）并列的词作谓语。（4）并列的词作谓语中心语。（5）前一个并列短语作"提倡"的宾语，后一个并列短语作"是"的宾语。（6）并列的词作宾语。（7）并列的词作介词"用"的宾语。（8）并列的词作定语。（9）并列的短语作定语。（10）并列的词作状语。（11）并列的短语作状语。（12）"周、李、刘、蒯、张"是并列的词，和"五大家族"组成复指短语，作"有"的宾语。（13）"水……脂肪"是并列的词，和"成分"组成复指短语，作"有"的宾语。（14）"昨晚……再过去"是并列的短语，和"的"组成的字短语，作"是"的宾语。（15）"一天、两天、三天"是并列的短语，作状语。

5.2 并列词语与连词

并列词语间常常使用“和、或者、又、以及”等连词，使整个结构显得紧凑。在这类连词的前边，读的时候一般没有停顿，写下来也不用顿号。例如：

（16）家庭和事业都如意，各种新式设备也都有了。（萧乾《枣核》）

（17）这套衣服，他只在督学来视察或者发奖的日子才穿戴。（都德《最后一课》）

多于两项的并列词语，如果只有一个层次，就只在最后两项间用连词。例如：

（18）化学是一门基础自然科学，它研究物质的组成、结构、性质、变化以及合成等。（初中课本《化学》）

（19）荔枝呈心脏形、卵圆形或圆形，通常蒂部大，顶端稍小。（《南州六月荔枝丹》）

5.3 并列词语间用逗号还是用顿号

在4.1.10中我们说过，并列词语间可以用逗号，现在又说并列词语间也可以用顿号。到底什么时候用逗号，什么时候用顿号呢？我们知道，逗号是最主要的句内点号，在早期白话文中，有的作家很少用顿号，在可以用顿号的地方也用逗号。后来顿号逐渐流行了，和逗号有了分工：停顿较长时用逗号，较短时用顿号。当并列词语充当主语、谓语、宾语时，中间一般用逗号；并列词语作定语或状语时，内部联接比较紧凑，以用顿号为宜。

由冒号引出的表示分说的并列语句，中间的停顿要用逗号或分号，而不能用顿号。例如：

（20）本书各章的结构基本上作如下安排：各流派的概念，产生的时代背景，理论依据，基本教学原则，教学过程，典型教材及对该教学法的评价。（《国外外语教学法主要流派》）

（21）全国人民代表大会常务委员会行使下列职权：

（一）解释宪法，监督宪法的实施；

（二）制定和修改除应当由全国人民代表大会制定的法律以外的其他法律；

（三）在全国人民代表大会闭会期间，对全国人民代表大会制定的法律进行部分补充和修改，但是不得同该法律的基本原则相抵触；

……

（《中华人民共和国宪法》第六十七条）

5.4 多层次并列词语间的点号

以上几节说的并列词语都只有一个层次，如果并列词语的组成成分本身又是并列词语，这就构成了多层次的并列词语。为了分清结构层次，不同层次上的停顿要用不同的句内点号。

5.4.1第一层用逗号，第二层用顿号。只有两层的并列词语常采用这种标点法。例如：

（22）大陆同胞，台湾、香港、澳门的同胞，还有海外华侨，大家都是中华民族子孙。（邓小平《共同努力，实现祖国统一》）

（23）BZ－ⅢG型可控式白内障冷冻摘除器具有制冷、

解冻迅速，不损伤角膜或虹膜，操作方便，安全性高等优点。（《光明日报》1988-09-25）

（22）第一层是三项的并列短语“大陆同胞”、“台湾、香港、澳门的同胞”和“还有海外华侨”，中间用逗号。“台湾”“香港”“澳门”是第二层，中间用顿号。（23）第一层是“制冷、解冻迅速”“不损伤角膜或虹膜”“操作方便”“安全性高”，中间用逗号。“制冷、解冻”是第二层，中间用顿号。“角膜或虹膜”也是第二层，中间用连词“或”。

5.4.2第一层用“和”类连词，第二层用顿号。第一层是有对待关系的两项时，常采用这种标点法。例如：

（24）太和殿是皇帝举行重大典礼的地方。皇帝即位、生日和元旦、冬至等都在这里举行仪式。（黄传惕《故宫博物院》）

（25）要充分兼顾青年的工作、学习和娱乐、体育、休息两个方面。（毛泽东《在接见青年团第二次全国代表大会主席团时的指示》）

（24）第一层是“皇帝即位、生日”和“元旦、冬至”，中间用连词“和”。第二层是“即位”和“生日”，“元旦”和“冬至”，中间用顿号。（25）第一层是“工作、学习”和“娱乐、体育、休息”，中间用连词“和”。第二层是“工作”和“学习”，“娱乐”和“体育”和“休息”，中间用顿号。

5.4.3第一层用顿号，第二层用“与”“和”类连词。这样用时第二层所指的事物多具有对待关系。例如：

（26）这场辩论，反映了科学与反科学、进步与保守两种势力的斗争。（《祖冲之》）

（27）地球上每一个国度，都面临着机遇和竞争、挑战和风险。（《北京广播电视》1988-09-21）

（26）第一层是“科学与反科学”和“进步与保守”，中间用顿号。第二层是“科学”和“反科学”，“进步”和“保守”，中间用连词“与”。（27）第一层是“机遇和竞争”和“挑战和风险”，中间用顿号。第二层是“机遇”和“竞争”，“挑战”和“风险”，中间用连词“和”。

5.4.4三个层次的并列词语，第一层用逗号，第二层用顿号，第三层用“和”类连词。例如：

（28）与会专家认为目前知识分子工资偏低，脑力劳动和体力劳动、复杂劳动和简单劳动、工资收入和非工资收入倒挂等问题十分严重。（《光明日报》1988-07-29）

（28）并列词语的层次关系可图示如下：

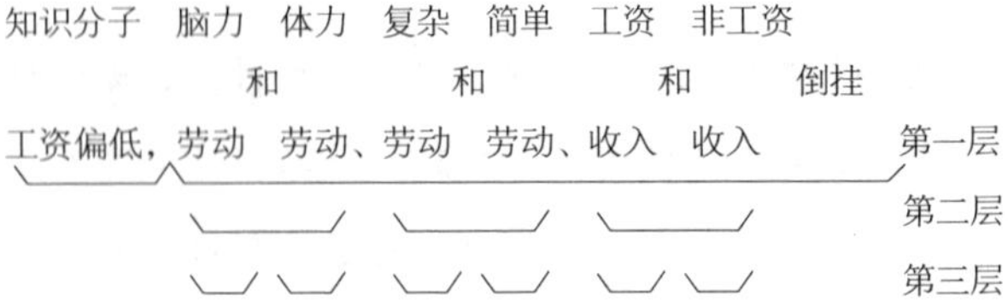

5.5 顿号的其他用法

5.5.1表示“一、二、三”等序次语之后的停顿（参见23.1）。例如：

（29）文中的四个小题目也已拟好：

一、设想不等于现实；

二、一个落后地区的改变，首先是领导思想的改变；

三、榜样的力量是无穷的；

四、精神变物质。（《鞠躬尽瘁》）

“一、二、三”等的后面，如果空一格，也就不用顿号。例如：

（30）第一单元　教学要点

一　理解诗词的一些特点

二　学习诗词的语言和一些常用的表现手法

三　学习朗诵诗歌（初中课本《语文》）

5.5.2表示含有顺逆关系的并列各项间的停顿。例如：

（31）对于〔介〕表示人、事物、行为之间的对待关系。（《现代汉语八百词》）

（31）解释介词“对于”的用法，表示人、事物、行为之间含有顺逆关系，即人和人、人和事物、人和行为、事物和事物、事物和行为、行为和行为等六种关系。这样用的顿号，不能改为连词“和”。

5.6 使用顿号应该注意的问题

5.6.1相邻数字连用表示概数时中间不用顿号。这些相邻数字在说的时候中间没有停顿，写下来也不用顿号。例如：

（32）我亲眼见到，六七百穿得破破烂烂的农民和他们的妻子儿女被所谓官兵一阵凶杀毒打，血溅四五十里，哭声动天。（朱德《回忆我的母亲》）

（33）如果你同意，二三十棵树可以称为林，那么这里要说的，正是这样一个桃林。（茅盾《风景谈》）

（32）的“六七百”和“四五十”，（33）的“二三十”，在相邻数字间都不用顿号。

下列句子中相邻数字间的顿号要去掉：

*（34）在顶天立地的解放军战士面前，五、六十个敌人吓破了胆，一个接着一个走了出来。

*（35）在双方相持的四、五秒钟里，谢明右手掏出手枪，艰难地朝刘雄才扣动着扳机。

相邻的数字连用，有时不表示概数，而是一种缩略形式，中间要用顿号。例如：

（36）本诗分五节。……第三、四节，赞颂他一心为公的高尚思想，他工作和战斗都是为人民、为国家、为革命。（初中课本《语文》）

（37）向中顾委委员和退居二、三线的老同志系统地介绍了党的对外开放政策和特区建设的方针，以及几年来所取得的成就。（《人民日报》1984-04-23）

（36）“第三、四节”指的是第三节和第四节。（37）“二、三线”指的是第二线和第三线。这两例中的顿号不能去掉。

5.6.2并列的引号间可以不用顿号。并列的引号之间有停顿，符合顿号使用条件，可以使用顿号。例如：

（38）六七十年代，北京的名馆子数得过来，“东来顺”、“又一顺”、“鸿宾楼”、“鸿兴楼”、“东兴楼”、“泰丰楼”、“同和居”、“砂锅居”……最著名的要数“全聚德”，号称“天下第一”的烤鸭店。（《南方周末》1992-12-18）

可是也有不用顿号的。例如：

（39）因为他讳说“癞”以及一切近于“癞”的音，后来推而广之，“光”也讳，“亮”也讳，再后来，连“灯”“烛”都讳了。（鲁迅《阿Q正传》）

（39）“灯”“烛”中间就没有用顿号。

吕叔湘、朱德熙先生在《语法修辞讲话》中说：

“如果一连串的词语都是用引号括起的，按道理是应该在中间加上顿号的。可是形式难看，而这些引号也附带着有隔断的作用，因此一般的习惯就把这些顿号省掉了。例如：

“名词是事物的名称，例如‘山’‘水’‘人’‘手’‘道德’‘法律’。

“如果引号里是一些句子，已经有了句号、问号或叹号，就更没有加顿号的需要。下面这句的引号里面已经有了叹号，外面再加顿号，就格外觉得难看了：

“在装着钱的纸包或信封上，写着‘反对丘吉尔者捐五先令！’、‘一个红军的朋友捐一镑！’、‘两个坐过纳粹集中营的合捐十五先令，反对武装西德！’”

这个意见是很正确的，值得重视。1990年版的《标点符号用法》也是这么做的。下面我们从《标点符号用法》中转引一个例子：

（40）有的句子虽然有疑问词“谁”“什么”“怎么”等，但全句并不是疑问句，末尾不用问号。

根据同样的理由，书名号连用时，中间也不一定用顿号。不过，如果书名后面还有别的东西，比如括号，书名号间的顿号就不能省。例如：

（41）那时几个熟人都在编辑文学杂志，在《作家》（孟十还主编）、《译文》（黄源主编）、《文季月刊》（靳以主编）之后，烈文主编的《中流》半月刊也创刊了。（巴金《怀念烈文》）

5.7 顿号的误用

5.7.1非并列词语间误用顿号。例如：

*（42）入冬以来，丰台公安分局先后共查获非法制造、

贩运、私存、禁放烟花爆竹的治安案件八起。

*（43）宛南华侨新村位于徐汇区、中山南二路与宛平路交汇处，是整个宛平新村的组成部分。

*（44）刘基，字伯温，青田人。元文宗、至顺间进士，屡官屡罢。

*（45）他受到领导信任，单独掌管一个国家重点建设项目、大发电厂的拨款计划。

（42）“制造、贩运、私存”是并列的词，“禁放烟花爆竹”是它的宾语，中间不应用顿号。“私存”后边的顿号要去掉。“禁放”二字也要去掉。（43）“徐汇区”和后面的“中山南二路与宛平路”具有领属关系，中间不应用顿号。（44）文宗是谥号，至顺是年号，中间不能用顿号。（45）“国家重点建设项目”就是“大发电厂”，两者是复指关系，可以改为“国家重点建设项目——某个大发电厂的拨款计划”。

*（46）这天下午，河南中路426弄10号甲三楼的一间10平方米左右的房间内，庄严肃穆、一名佩戴黑纱、穿着朴素的戴姓中年妇女正在紧张地忙碌着。

（46）第一个顿号要改为句号。

有的句子，逗号、顿号挨得很近，被它们隔开的成分又近似，就很容易看错。例如：

（47）有人告诉我，供应开水，饮料、咖啡就卖不动了；开水是免费的，而饮料、咖啡可以挣大钱。（《南方周末》1993−05−14）

（47）这一例的标点并不错，可是“开水，饮料、咖啡”中用了一个逗号，一个顿号，实在容易使读者看错，以为是“开水、饮料、咖啡”，及至读到“就卖不动了”才知不是那么回事。要想法避开这种情况，比如，这一例可以改为“有人告诉我，供应开水的话，饮料、咖啡就卖不动了”。

下面一例中，顿号隔开的两部分是并列关系，顿号不能不用：

（48）今年8月初，深圳市、罗湖区两级政府收到一份报告：个人愿出资2000万元购买国营企业。（《南方周末》1992−12−08）

（48）这里是说深圳市政府和罗湖区政府分别收到同样内容的报告。如果不用顿号，就变成只有属于深圳的罗湖区政府收到了报告。

5.7.2没有停顿的并列词语间误用顿号。有些并列词语，特别是并列的四字格，连接紧密，中间没有停顿，就不要用顿号。例如：

（49）对于在职干部的教育和干部学校的教育，应确立以研究中国革命实际问题为中心，以马克思列宁主义基本原则为指导的方针，废除静止地孤立地研究马克思列宁主义的方法。（毛泽东《改造我们的学习》）

（50）在村口支锅搭灶卖个烹炒煎炸什么的。（《北京晚报》1982-02-12）

（49）“静止地孤立地”是并列成分，连接紧密，中间不用顿号。
（50）“支锅搭灶”之间，“烹炒煎炸”之间，都不用顿号。

下面一句中的顿号要去掉：

*（51）几千年来受着地主们的剥削，过着牛、马不如的生活。

合并式的简称中间没有停顿，不用顿号。例如：

*（52）我父、母亲都是日本留学生，母亲先学医，以后又攻读工艺美术。

*（53）西安我在抗战期间住过一阵，大、小雁塔，碑林等都是跑空袭警报的时候去看过的。

（52）的“父、母亲”，（53）的“大、小雁塔”，中间的顿号要去掉。“大小雁塔”后边的逗号要改为顿号。

有的人有一种误解，以为并列词语间就一定要用顿号，实际不是这样。并列词语间没有停顿的，不用顿号；停顿较短的，也不一定用顿号。标点的使用要便于阅读和理解。如果顿号用得太多，就会把句子拆得太散，不便于阅读。例如：

*（54）众所周知，枪支、弹药，是保卫国防、打击敌人、防范犯罪的武器，应管好、用好。

*（55）建立、健全重、特大案件专案报告制度。

（54）“枪支、弹药”和“管好、用好”中的顿号，（55）“建立、健全”中的顿号，都要去掉。“重、特大案件”最好改为“重案和特大案件”。

5.7.3不同层次的停顿不要都使用顿号。例如：

*（56）在纪念五四运动90周年之际，本刊特邀中国社会科学院近代史研究所研究员、湖南师范大学特聘教授郑大华、浙江大学教授高力克和洛阳师范学院教授张宝明等三位先生，就五四运动的有关问题各抒己见。

*（57）纵观环京经济协作区，具有雄厚的科技信息优势、较强的工业基础、巨大的生活、生产资料市场、较丰富的动植物、矿产、海洋、旅游等资源。

*（58）艺术节期间还要举办形式多样的文艺评论活动、内容独特的文物、风情、美术、摄影展览，以及大规模的经贸活动。

（56）第二个顿号改为逗号。参加大会的三位教授的名字，构成第一层的并列关系；“郑大华”前面的两个职衔构成第二层的并列关系。第一层上用逗号，第二层上用顿号。（57）（58）中的并列词语都有两个层次，第一层的停顿用逗号，第二层的停顿用顿号。（57）第一、第二和第四这三个顿号要改为逗号，“生活、生产资料市场”要改为“生活资料和生产资料市场”。（58）第一个顿号要改为逗号。

*（59）山东的草编、藤编书包，花篮，扇子等，手工之精致，造型之秀美，令人久视不厌。

（59）“书包，花篮，扇子”之间用逗号单看不算错，但从全句看，这两个逗号最好改为顿号，“草编、藤编”要改为“草编和藤编的”。

5.7.4该用顿号的地方没有用顿号，或用了别的点号。例如：

*（60）〔绿洲〕沙漠中有水草的地方。

（60）“水草”要改为“水、草”或“水和草”。

*（61）到1964年春，一部包括200幅主图及部分附图，20余万研究说明文字的《中国古代服饰研究》初稿即告完成。

（61）第二个逗号要改为顿号。

6 分号（ ；）

6.1 分号的用法

分号表示复句内部并列分句之间的停顿。分号不大好用，容易用错。在使用时要特别注意两点：第一点，使用分号主要是为了分清结构层次；第二点，分号表示的停顿比逗号长。

6.1.1 表示并列的单重复句内分句间的停顿。如果分句内用了逗号，分句间一定要用分号。例如：

（1）做，要靠想来指导；想，要靠做来证明。（胡绳《想和做》）

（2）一根普通电话线，只能通三路电话；一条微波线路，可通十万路电话；而一条激光通讯线路，可以通一亿路电话！（《奇特的激光》）

（3）院子里一边是牛屋、碓棚；一边是猪圈、鸡窠，还有个关鸭子的栅栏。（汪曾祺《受戒》）

（4）机关后勤服务社会化改革需要立规矩，明确机关相关部门对外开放的基本原则；稳政策，保证对外开放的经费需求；重长效，注重对外开放的成果巩固。（《光明日报》2016-12-15）

上面四个例子都是并列的单重复句。（1）（2）分句结构比较整齐，（3）（4）分句结构不够整齐。它们的分句内都用了逗号，所以在分句间要用分号。

在这种复句内，如果分句内没有点号，或者只有顿号，分句间不必用分号，而用停顿较短的逗号就够了。例如：

（5）塞北大地冬雪皑皑，军营之内春意融融。（《光明日报》2017-01-26）

（6）从此牛郎在地里耕种，织女在家里纺织。（《牛郎织女》）

（7）红的像火，粉的像霞，白的像雪。（朱自清《春》）

（8）领导机关给他们立了功，用户单位纷纷送来锦旗和感谢信，报纸、电台、电视也接连不断地播出他们的先

进事迹和开发消息。（《光明日报》1988-11-22）

这种结构的句子在分句间如果用了分号，就会给人留下大材小用的感觉，还是不用为好。下面句子中的分号要改为逗号：

*（9）循循善诱固然令人感动；对民主党派推心置腹更令人感奋不已。

*（10）我希望每个人都能像松树一样具有坚强的意志和崇高的品质；我希望每个人都成为具有共产主义风格的人。

*（11）总之，教学法是提高教学质量的一个重要的指导性因素；我们全部的语言教学活动都应当在一定的语言教学理论指导下来进行。

在这种句子中，如果后面分句的主语承前省略，分句间更不宜用分号。下面几句中的分号要改为逗号：

*（12）与此同时，这个分局还公开了公安人员的各项纪律和各种办事制度；确定每星期三为值班局长接待群众日；公布665588为监督电话。

*（13）空军博物馆建成后，将收藏、陈列空军各类武器装备样品及珍贵之物；宣传空军的光荣历史；开展空军装备发展史及航空技术专题研究；促进国际航空技术的交流。

6.1.2表示并列的多重复句内第一层分句间的停顿。例如：

（14）计划经济不等于社会主义，资本主义也有计划；市场经济不等于资本主义，社会主义也有市场。（邓小平《在武昌、深圳、珠海、上海等地的谈话要点》）

（15）竹叶烧了，还有竹枝；竹枝断了，还有竹鞭；竹鞭砍了，还有深埋在地下的竹根。（袁鹰《井冈翠竹》）

（16）他这话不是向浮游的白云说，白云无精打采的，没有心思听他的话；也不是向摇摆的树林说，树林忙忙碌碌的，没有工夫听他的话。（叶圣陶《古代英雄的石像》）

（17）大约潭是很深的，故能蕴蓄着这样奇异的绿；仿佛蔚蓝的天融了一块在里面似的，这才这般的鲜润呀。（朱自清《绿》）

（18）纪念自己身边已逝的亲人，感谢先人赐予我们生命；同时缅怀那些为了国家和民族献出生命的烈士，思考我们现有的生命如何延续过去的生命。（《人民日报》

2009-04-02）

（19）他们走不上二三十步远，忽听得背后“哑——”的一声大叫；两个人都悚然的回过头，只见那乌鸦张开两翅，一挫身，直向着远处的天空，箭也似的飞去了。（鲁迅《药》）

（14）（15）（16）各分句的结构比较整齐，（17）（18）（19）各分句的结构不够整齐。这些并列复句在第一层的分句间都用了分号。

如果这种复句的分句内没有用逗号，分句间也可以不用分号而用逗号，特别是分句的结构不够整齐的。例如：

（20）人体的新陈代谢时时刻刻都在进行着，新陈代谢一旦停止，生命也就结束了。（中学课本《生理卫生》）

6.1.3表示总分复句内分句间的停顿。这种复句中，总说后边用了冒号，分说间用分号。例如：

（21）我这回在鲁镇所见的人们中，改变之大，可以说无过于她的了：五年前的花白的头发，即今已经全白，全不像四十上下的人；脸上瘦削不堪，黄中带黑，而且消

尽了先前悲哀的神色，仿佛是木刻似的；只有那眼珠间或一轮，还可以表示她是一个活物。（鲁迅《祝福》）

（22）语言与文化是共生的、互依的，两者息息相关：语言不但是文化的重要而突出的组成部分，而且又是文化的一种表现形式；同时，它还是文化的产物。（《语言教学与研究》1992年3期）

表示分说的分句内如果没有点号，分句间可以用逗号。例如：

（23）弼时同志一生有三“怕”：一怕工作少，二怕麻烦人，三怕用钱多。（李庄《任弼时同志二三事》）

有人在总说和分说间用逗号，这样就混淆了句内点号的层次，这个逗号要改为冒号。

*（24）有人做过实验，逐个辨认不成词句的汉字，每分钟最多辨认100个左右；整体辨认组成词句的汉字，每分钟可以达300个左右。

*（25）气质有多种多样，如有的人性格开朗，风度潇

洒大方，气质表现为聪慧；有的人性格沉稳，风度温文尔雅，气质表现为高洁；有的人性格直爽，风度豪放雄健，气质表现为粗犷；有的人性格温柔，风度秀丽端庄，气质表现为恬静……

（24）（25）第一个逗号要改为冒号。

6.1.4表示非并列的多重复句内第一层分句间的停顿。这样用分号，主要是为了分清结构层次，不过只限于多重复句。例如：

（26）少年张俊青的苦难，来得突然，也来得沉重；可是，苦难并没有压垮他的脊梁，反而成就了他的坚强。（《光明日报》2009-05-08）

（27）不错，这样的人往往经验很多，这是很可宝贵的；但是如果他们就以自己的经验为满足，那也很危险。（毛泽东《整顿党的作风》）

（28）人还没看见，已经先听见歌声了；或者人已经转过山头望不见了，歌声还余音袅袅，不绝如缕。（吴伯箫《歌声》）

（29）那些人见吴吉昌不低头，就撤销了他大队长的职务，剥夺了他研究棉花的权利，禁止他下地，强令他每天打扫全村的街道；进而捏造罪证，诬陷他是反革命，对他进行了令人发指的残酷迫害。（《为了周总理的嘱托》）

（30）也许因为1985年自己好像死过一回（从长时间的昏迷中抢救活了），对自然规律再也不抱可以超越的幻想；所以，这几年对知己的朋友的死，不再像五六十年代在医院里，面对临危的徐悲鸿先生和欧阳予倩老人时，那么抑制不住自己的眼泪。（王朝闻《悼明坦》）

非并列的多重复句主要指以下几种类型：（26）（27）是转折复句，（28）是选择复句，（29）是递进复句，（30）是因果复句。这些都是多重复句，在第一层分句间用了分号。

6.2 单句内分号的使用

从原则说，分号只能用在复句内，但是语言现象十分复杂，单句内有时也可以使用分号，不过要受到许多限制，主要有以下几种类型：

6.2.1直接引语内有带分号的并列分句。这实际上仍旧是6.1中介绍的分号的用法。例如：

（31）现在我们也贴春联，但是谁想到“岁月逢春花遍地，人民有党劲冲天”“跃马横刀，万众一心驱穷白；飞花点翠，六亿双手绣山河”之类的春联，和古老的用桃木符辟邪有什么可以相提并论之处呢！（秦牧《花城》）

（32）九斤老太很不高兴的说，“一代不如一代，我是活够了。三文钱一个钉；从前的钉，这样的么？从前的钉是……我活了七十九岁了，——”（鲁迅《风波》）

6.2.2宾语之前有冒号，作宾语的并列分句间用分号。例如：

（33）历史的经验告诉我们：整个国家不改革开放，没有出路；各个民族不改革开放，不能发展。（《人民日报》1988-09-23）

（34）新人化石所显示的体质特征是：身材比较高大；四肢的特点是前臂比上臂长，小腿比大腿长；直立行走的姿势和现代人一样，不像古人那样弯腰曲背；颅骨高度增大，额部隆起，下巴突出；平均脑量与古人相同，但大脑皮层的结构更复杂化。（李四光《人类的出现》）

（35）经验告诉我们：天空的薄云，往往是天气晴朗的象征；那种低而厚密的云层，常常是阴雨风雪的征兆。

（《看云识天气》）

有人在并列分句充当的宾语前面，使用逗号或者不用任何点号，这种并列分句内就不应该用分号。用了分号，就容易弄乱语言的结构层次。例如：

*（36）以此为标准来考察，我们首先就会发现，有大部分词可以单独作句子成分；有一部分词不能单独作句子成分，它们需要和别的词组合起来共同充当一个句子成分；有的词根本不能作句子成分。

*（37）“课本”认为主语可以是施事，也可以是受事；宾语可以是受事，也可以是施事。

（36）“发现”后边的逗号要改为冒号，（37）“认为”后边要加上冒号。

如果宾语的前面不用冒号，作宾语的并列分句内也不要用分号，可以用逗号。例如：

（38）日前，记者在走访本市人行地下通道时看到，天安门广场等多处的地下通道维护较好，整齐干净，但有

两处地下通道脏乱不堪，设施损坏严重。（《北京晚报》1988-09-05）

再者，作宾语的并列分句，如果分句内没有逗号，分句间用个逗号就可以了，用不着用分号。例如：

*（39）一次我坐车看到：一年轻妇女将用过的手纸扔在座下；一名男子将白薯皮扔在车上；几个人将瓜子皮嗑了一地。

*（40）据市统计局的调查资料表明：1980年全市实行晚婚的青年占结婚青年总数的96.97%；1981年下降为81.15%；到1987年下降到64.54%。

（39）（40）中的分号最好要改为逗号。

6.2.3并列的短语作宾语表示列举时，中间用分号，使列举的各项显得突出。例如：

（41）这些问题是：两种宇宙观；矛盾的普遍性；矛盾的特殊性；主要的矛盾和主要的矛盾方面；矛盾诸方面的同一性和斗争性；对抗在矛盾中的地位。（毛泽东《矛

盾论》)

(42)版权法应规定：一、侵犯版权行为的种类；二、版权侵权责任的构成要件；三、制裁各类侵犯版权行为的方式。(《光明日报》1988-09-20)

这样用时，在列举各项的前面，要用冒号。这样用的并列的短语，常常分行排列。例如：

(43)根据研究对象的不同，环境物理学分为以下五个分支学科：

——环境声学；

——环境光学；

——环境热学；

——环境电磁学；

——环境空气动力学。

(《标点符号用法》)

并列的短语作宾语表示列举时，短语间的停顿常常用逗号。例如：

（44）本书各章的结构基本上作如下安排：各流派的概念，产生的时代背景，理论依据，基本教学原则，教学过程，典型教材及对该教学法的评价。（《国外外语教学法主要流派》）

下面一句中列举各项间没有必要用分号，要改为逗号：

*（45）这次同时再版的还有：周立波同志的《山乡巨变》；马识途同志的《清江壮歌》；沙汀同志的《沙汀短篇小说集》和艾芜同志的《艾芜短篇小说集》等作品。

如果在并列的短语前面没有用冒号，并列的短语间更不能用分号，例如：

*（46）当前要继续注意解决煞长风的问题；新闻不新的问题；针对性不强、一般化的问题；缺乏说服力的问题；缺乏准确性的问题。

（46）的分号都要改为逗号。

6.3 分号的误用

6.3.1并列的短语间误用分号。并列的短语间的停顿要用顿号或逗号，不用分号。只有当宾语的前边有冒号，而且并列的短语作宾语表示列举时，并列的短语间才可以用分号。有人误以为只要是并列的短语中间就可以用分号，这就造成了许多误用。例如：

*（47）《湖畔》中人物的对话；《鲜花开放的地方》中环境的点染;《大钱饺子》里的铺叙议论，都十分富有特色。

*（48）小杨以北辛庄的果园为基地办起了果树管理培训班，讲授梨、苹果、桃、枣树的生长特性；水果稳产高产的技术措施。

*（49）旅行车沿着环岛新铺的碎石公路飞驰，年代久远的玄武岩牌坊；干涸海塘内倾斜的渔船；绿油油的西瓜地相继进入视野。

（47）并列的短语作主语，短语内的分号要改为顿号。（48）“梨、苹果……技术措施”是并列的短语作“讲授”的宾语，分号要改为“，和”。（49）全句是由两个分句组成的复句，“年代久远……西瓜地”是并列的短语作第二分句的主语，两个分号要改为顿号。

6.3.2非并列关系的分句间误用分号。例如：

*（50）去年12月13日，在河北省香河县公安局的配合下，通县公安局破获了盗窃高压输电线路铁塔塔材的案件；抓获犯罪分子二十余人。

*（51）它不仅代表了2100多年以前，我国的养蚕、纺织、印染、刺绣和缝纫工艺方面所达到的高度水平；也显示出我国古代劳动人民的聪明智慧和惊人的创造才能。

（50）是承接关系，（51）是递进关系，都是非并列关系的分句。分号都要改为逗号。

我们在6.1.4中说过，在非并列关系的多重复句的第一层可以使用分号，和这里说的并不矛盾。那里说的是多重复句，这里说的是单重复句。多重复句使用分号是为了分清分句间的结构层次，单重复句的分句间只有一个层次，不存在这个问题，所以不能用分号。

6.3.3非第一层的并列分句间，误用分号。有的人一看到并列分句，就在分句间用分号，其实还要看并列分句是不是在第一层上。不在第一层上的并列分句也不能使用分号。例如：

*（52）对于一切犯错误的同志，要历史地全面地评价他们的功过是非，不要一犯错误就全盘否定；也不要纠缠历史上发生过而已经查清的问题和历史上犯过而已经纠正了的错误。

*（53）只有健全社会主义法制，才能使社会主义民主制度化、法律化；才能用法律手段管理经济，并不断形成经济生活的新规范；才能维护安定团结的政治局面，保障社会主义现代化建设的顺利进行。

*（54）人民在观看文艺演出方面应该有更大的选择自由，用“统一分配”的办法强制人们去观看并不想看的节目，其结果或是索性不去，浪费了大量的票；或是在场内心不在焉，对演的、看的都极不尊重。

*（55）每逢我领到了津贴费，拿出钱来缴党费的时候；每逢我看着党小组长接过钱，在我的名字下面填上钱数的时候，我就不由得心里一热，想起了1934年的秋天。

*（56）在整个社会主义现代化建设进程中，要始终坚持一手抓改革开放，一手抓打击犯罪；一手抓经济建设，

一手抓民主法制；一手抓物质文明，一手抓精神文明，两只手都要硬，不可只重视一个方面而忽视另一个方面。

（52）第一层的分界在“功过是非”的后面。分号改逗号。（53）第一层的分界在“社会主义法制”的后面。两个分号都改为逗号。（54）第一层的分界在“选择自由”的后面。分号改逗号。（55）第一层的分界在“我就不由得心里一热”的后面。分号改逗号。（56）“坚持”后面加个冒号。“两只手都要硬”前面的逗号改为句号。分号就不必再改动了。

6.3.4应该用句号断开的两个句子间，误用分号。例如：

*（57）李艳萍说着拿出了她的画册，里面有各种旗袍的图片，有两件套，三件套；那些是旗袍，又不是过去那样的旗袍，每件服装都闪烁着令人陶醉的东方色彩。

*（58）近来，中美关系出现了一些不和谐音。布什总统利用其第二任期的首次欧洲之行，公开游说欧洲，要欧盟维持对华武器“禁售”的决定，理由是担心海峡两岸的军事平衡被打破；中国人大还在讨论《反国家分裂法》草案，美国政府就急着跳出来反对，认为该法“没有益处”。

（57）（58）中的分号要改为句号。

6.3.5并列分句间应该用分号，却误用了句号。这样就割断了前后的密切联系。应该把句号改为分号。例如：

*（59）浅处，水底卵石历历可见，轻舟过时，如箭离弦，惊心动魄。深处，绿水悠悠，墨不见底，从倒影中观青山，更觉清幽绰如。

*（60）鲸的种类很多，总的来说可以分为两大类：一类是须鲸，没有牙齿。一类是齿鲸，有锋利的牙齿。

6.3.6并列分句间应该用分号，却误用了逗号。这样就模糊了结构层次。应该把逗号改为分号。例如：

*（61）明年企业改革必须抓紧。一要进一步推动政企分开，使有条件的企业真正放开经营，二要认真完善承包制，进行以公有制为主体的股份制试点和发展企业集团试点。

*（62）没有实力，信心不过是无源之水，没有实力，拼搏也只能是无本之木。

（61）“放开经营”后面的逗号，（62）“无源之水”后边的逗号，要改为分号。

*（63）过去我国足球队到巴西去学技术，到欧洲去学对抗能力，这都是片面的，只有在技术素质同步提高的情况下才能适应当代的足球趋势。

*（64）他们自己动手扎扫帚，扎拖把，桌凳门窗、鼓风机、篮球架等等，坏了都是自己动手修好。

这两个例子，句中明显分为两层意思。中间用了逗号不易看出两层的界线，用了句号又会把连贯的意思割断，最好是用分号。（63）“片面的”后边，（64）“扎拖把”的后边，都要用分号。

7 冒号（：）

7.1 冒号的形式

冒号是两个小圆点，上下排列，位置偏下。注意：冒号和数学中的比号不同，比号也是两个小圆点，可是位置居中。例如：21∶7=3∶1。表示时、分、秒之间的间隔用冒号，不用比号。例如：18：23：30（18时23分30秒）。

7.2 冒号的用法

冒号表示提示性话语之后的停顿，用来提起下文。“提示性话语”指的是在表达上具有提示作用，能引起下文的词、短语或分句。冒号还可以用在总括性话语之前，以总结上文。

7.2.1表示称呼语之后的停顿，并引出下边的话。例如：

（1）同志们：……

（1）是大会演说开始，招呼所有到会的人，意思是请听我下面的话。冒号引出的可以是整篇演说词。如果演说的中间又用了称呼语和冒号，句首的冒号就只管到第二个称呼语以前的部分。

称呼语构成感叹句时，后边用叹号（参见3.1.5）。例如：

（2）“胡老师！”那五哇地一声哭了起来。（邓友梅《那五》）

当面交谈而且语气平缓时，称呼语作独立成分，后面用逗号（参见4.1.11）。例如：

（3）文清，你的奶奶来了。（曹禺《北京人》）

如果称呼语的后面没有别的话，就谈不上提起下文。后边不用冒号，而用叹号或句号。例如：

（4）一个人从我背后转出，握着我的手：“不送你们

了，再会，同志！”（周立波《娘子关前》）

（5）周朴园 侍萍。（曹禺《雷雨》）

7.2.2表示“说、讲、是、告诉、宣布、指出、透露、表明、介绍”等动词之后的停顿，并引出宾语。这些动词具有提示性，当它们用来引出宾语时，后面往往有个稍长的停顿，书面上要用冒号。例如：

（6）伟大的天文学家哥白尼说：人的天职在勇于探索真理。（郭沫若《科学的春天》）

（7）毛泽东同志讲过：我写文章，不大引马克思、列宁怎么说，报纸老引我的话，引来引去，我就不舒服。（邓小平《在全军政治工作会议上的讲话》）

（8）结末的教训是：所以倘有陌生的声音叫你的名字，你万不可答应他。（鲁迅《从百草园到三味书屋》）

（9）这些美食节目在逗乐观众的同时，也告诉他们：可以有压力，可以有挫折，却不能失去对于生活的热情。（《光明日报》2017-01-26）

（10）中国石油天然气总公司的总经理王涛今天在此间举行的中外记者新闻发布会上宣布：中国石油天然气总

公司已经于9月17日成立，即日起将按新的体制运行。（《光明日报》1988-09-21）

（11）当着天空中出现乌云的时候，我们就指出：这不过是暂时的现象，黑暗即将过去，曙光即在前头。（毛泽东《目前形势和我们的任务》）

（12）美国艺术剧院的艺术总监爱德华·海斯汀斯透露：中国演员用英语在美国与美国艺术家同台公演话剧，孙道临为第一人。（《文汇报》1988-11-08）

（13）有资料表明：湖泊面积由1826年的6000平方公里，缩小到现在的2691平方公里，只剩44.9％，150年间洞庭湖缩小了一大半。（《光明日报》1988-09-17）

（14）陪同我们采访的武警水电十支队政委李锡健介绍：从汉旺到清平路段，就有山体滑坡和泥石流40余处。（《光明日报》2009-05-11）

请注意：这类动词的后边并不是非用冒号不可；如果不需要引起读者的特别注意，动词后就不用冒号，甚至不用任何点号。例如：

（15）铁路局送来通知，说枕木用完了。（《筑路》）

（16）老爷，您想见一见她么？（曹禺《雷雨》）

（15）的“说”，（16）的“想”，后边都没有用点号。

7.2.3表示总说性话语之后的停顿，并引出分说。例如：

（17）我们看问题一定不要忘记划清这两种界限：革命和反革命的界限，成绩和缺点的界限。（毛泽东《党委会的工作方法》）

（18）下午，他拣好了几件东西：两条长凳，四个椅子，一副香炉和烛台，一杆抬秤。（鲁迅《故乡》）

（19）人大代表的提名有三种方式：一、政党提名；二、人民团体提名；三、10名以上代表联名提名。（《光明日报》2009-05-10）

（20）接着，总司令又报告了两个好消息：我们已经渡过了最艰难的水草地，而且有了一条牦牛。（刘坚《草地晚餐》）

（21）拉车的人们，只要今天还不至于挨饿，就懒得去张罗买卖：有的把车放在有些阴凉的地方，支起车棚，坐在车上打盹；有的钻进小茶馆去喝茶；有的根本没拉出车来，只到街上看看有没有出车的可能。（老舍《骆驼祥子》）

（17）的“两种界限”，（18）的“几件东西”，（19）的“三种方式”，（20）的“两个好消息”，（21）“拉车的人们……懒得去张罗买卖”，都是总说；冒号后边是分说。

在法规、条例中，每项分说可以单独列为一行。例如：

（22）国务院由下列人员组成：

总理，

副总理若干人，

国务委员若干人

各部部长，

各委员会主任，

审计长，

秘书长。

（《中华人民共和国宪法》第八十六条）

（23）党员享有下列权利：

（一）参加党的有关会议，阅读党的有关文件，接受党的教育和培训。

（二）在党的会议上和党报党刊上，参加关于党的政策问题的讨论。

（三）对党的工作提出建议和倡议。

……

（《中国共产党章程》第四条）

7.2.4表示带有解释的词语之后的停顿，并引出解释。例如：

（24）一定要在党内造成一种空气：尊重知识，尊重人才。（邓小平《尊重知识，尊重人才》）

（25）2009年元旦，刘伟最后一次回到她简陋的家里：三间平房，一个院子，地面是水泥的，墙壁上贴着几张几年前的报纸。（《南方周末》2009-03-19）

（26）王安石在《元日》中这样描写春节的场景："爆竹声中一岁除，春风送暖入屠苏，千门万户曈曈日，总把新桃换旧符。"（《光明日报》2017-01-26）

（24）"尊重知识，尊重人才"就是要在党内造成的"一种空气"。（25）冒号后边解释"她简陋的家里"的样子。（26）冒号后是王安石《元日》的诗句。

（27）毛竹年年长，为的是向敌人示威：井冈山是压不倒、烧不光的。（袁鹰《井冈翠竹》）

（28）她的伤处使她痛苦：腿上被铁箸烙伤的地方已经溃烂化脓，浑身的骨头像捣碎了似的。（杨沫《青春之歌》）

（29）卫星的速度和位置必须调整到自身刚好能够被月球的引力捕获：如果速度太大，卫星就会与月球擦肩而过；反之，则会直接撞到月球上去。（《南方周末》2009-03-19）

冒号后边的话都是解释性的，（27）是解释如何“向敌人示威”的，（28）是解释她的伤处如何“使她痛苦”的，（29）是解释为什么“卫星的速度和位置必须调整到自身刚好能够被月球的引力捕获”的。

7.2.5表示需要说明的项目之后的停顿，并引出具体的说明。例如：

（30）龙胆泻肝丸

主要成分：龙胆、柴胡、黄芩、当归、泽泻。

主治：头目眩晕、耳鸣耳聋、目赤口苦、两胁作痛、耳鼻生疮、阴蚀痒痛、小便赤涩。

用法用量：口服一次6克，一日2~3次。

（31）牌：农会势盛的地方，麻雀、骨牌、纸叶子，

一概禁绝。（毛泽东《湖南农民运动考察报告》）

这种分条列出的需要说明的项目，如果用括号括起来，后面就不用冒号。例如：

（32）双黄消炎片

[主要成分] 三颗针、黄芩

[功　　能] 消炎

分条列出的需要说明的项目的后面也可以空出一格，而不用冒号。例如：

（33）本单元作文训练

作文范围　借景抒情的记叙文。

作文要求　景和情紧密结合，有真实情感。（初中课本《语文》）

7.2.6表示话题之后的停顿，并引出有关的内容。这种用法多用于书名或篇名。例如：

（34）新疆阿勒泰：边防官兵的春节坚守（《光明日报》2017-01-30）

（35）书画收藏热：执着与浮躁并行

（36）1993：中国是“热”还是“冷”

7.2.7表示总括性话语之前的停顿，并总结上文。例如：

（37）九斤老太自从庆祝了五十大寿以后，便渐渐的变了不平家，常说伊年青的时候，天气没有现在这般热，豆子也没有现在这般硬：总之现在的时世是不对了。（鲁迅《风波》）

（38）他知道露水怎么样洒在草叶上，露水的味道怎么样香甜；他知道星星怎么样眨眼，月亮怎么样笑；他知道夜间的田野怎么样沉静，花草树木怎么样酣睡；他知道小虫们怎么样你找我、我找你，蝴蝶们怎么样恋爱：总之，夜间的一切他都知道得清清楚楚。（叶圣陶《稻草人》）

被总括的话语里面如果只用了逗号、顿号，而没有用分号，那么总括性话语的前边也可以用逗号。例如：

（39）广东二十年赶上亚洲“四小龙”，不仅经济要上去，社会秩序、社会风气也要搞好，两个文明建设都要超过他们，这才是有中国特色的社会主义。（邓小平《在武昌、深圳、珠海、上海等地的谈话要点》）

7.3 冒号的概括范围

冒号的概括范围，就是指冒号影响所及的范围。按照通常的理解，用来提起下文的冒号，它的概括范围就是到本句的句末。这种范围应该和提示性话语所提示的内容一致。例如：

（40）他接着还说了这样一段话：如果我去世的时候，能在我墓上立一块碑，上书中国布尔什维克刘伯承之墓，那就是我莫大的安慰。（邓小平《悼伯承》）

有时候冒号的概括范围大于一个句子，可以是几个句子，甚至是几个段落。例如：

（41）他常对学生说：“读书务要精通，治史者尤要如此。要做到‘究天人之际，通古今之变’，也就是要研

究人与人、人与自然、人与社会的关系，通晓历史发展的规律。”（《光明日报》2017-01-25）

（42）这几天是退一步想：假使那老头子不是刽子手扮的，真是医生，也仍然是吃人的人。他们的祖师李时珍做的“本草什么”上，明明写着人肉可以煎吃；他还能说自己不吃人么？（鲁迅《狂人日记》）

（41）（42）都到第二个句子的末尾。

有时候冒号的概括范围只管到句内的某处，而不到句末。例如：

（43）中间挂着一块匾道：三味书屋；匾下面是一幅画，画着一只很肥大的梅花鹿伏在古树下。（鲁迅《从百草园到三味书屋》）

（44）他是理想的人：老实，勤俭，壮实；以她的模样年纪说，实在不易再得个这样的宝贝。（老舍《骆驼祥子》）

（43）（44）的冒号都只管到分号。

有时，提示性话语只管到句内某一处，小于一个句子，同冒号的概括范围不完全一致，这时要特别注意会不会影响表达的明确。如果有造成误解的可能，就要改换一个说法或者使用其他标点。例如：

*（45）学习内容：秘书学及经济应用写作（公文、合同、经济活动分析、经济纠纷诉状、外贸函件等），期限半年，期满发结业证及经济秘书推荐证书。

（45）“期限半年”等，显然不是“学习内容”。“期限半年”前面的逗号要改为句号。

*（46）豫剧演员常香玉同志曾尖锐地指出：现在，年轻演员离开了麦克风，即使在几百个座位的小剧场演出，后面也听不见声音，这是多么需要加强声音的基本功训练啊！

*（47）影片结尾，在外国间谍谢尔丘克被逐的同时，不速之客彼得洛夫出现，形象地表明：敌人亡我之心不死，斗争仍在继续，从而丰富了影片的思想内容。

*（48）传染病能够在人群中流行，必须同时具备三个基本环节：传染源、传播途径和易感人群，缺少其中任何一个环节，传染病就流行不起来。

（46）“这是多么需要加强声音的基本功训练啊”，不是常香玉的话，是写文章的人的评论；这样标点会让人误以为这也是常香玉的话了。要把最后一个逗号改为句号。（47）“从而丰富了影片的思想内容”不在“形象地表明”之内。要把冒号去掉。（48）“缺少其中任何一个环节”不在“三个基本环节”之内。把“易感人群”后面的逗号改为句号。

7.4 “某某说”后边的点号

行文中引用别人说的话，常常要用“某某说”指明话是谁说的。“某某说”的后边怎样使用点号，要根据“某某说”所处的位置来决定。

7.4.1 “某某说”在引文的前边，它的后边用冒号。例如：

（49）郁容秋嶙峋的手腕拦住她：“我大概没有机会再穿这鞋了。”（毕淑敏《女人之约》）

（50）小英子说：“他会画！画得跟活的一样！”（汪曾祺《受戒》）

在早期白话中，“某某说”的后边可以用逗号。现在已经很少这样用了。例如：

（51）他不回答，对柜里说，“温两碗酒，要一碟茴香豆。”（鲁迅《孔乙己》）

（52）我说道，“爸爸，你走吧。”他望车外看了看说：“我买几个橘子去。你就在此地，不要走动。”（朱自清《背影》）

7.4.2 “某某说”在引文的后边，它的后边用句号。例如：

（53）“你现在是多少级？”她问蜷在一旁的郁容秋。（毕淑敏《女人之约》）

（54）“这是一次我国海军军力的全面展示、战斗力展示，展示装备新成就和训练新水平。”李春明谈到本次海上阅兵看点时说。（《时代周报》2009-04-27）

（55）“你怎么动手动脚……”尼姑满脸通红的说，一面赶快走。（鲁迅《阿Q正传》）

这里附带说一说后引号的前边要用什么点号。引文是完整的句子，末尾要用句末点号。（53）用问号，（54）用句号，（55）用省略号，都没有问题。引文末尾能不能用逗号？

（56）“不消说会挑到你，你比我年纪大些，”鸣凤说着，忍不住噗嗤一笑。（巴金《家》）

（57）“唉唉，我真傻，”祥林嫂看了天空，叹息着，独语似的说。（鲁迅《祝福》）

从西方语文使用标点的习惯看，这样是可以的，可是最近几十年来中文里面这样用的不是很多。按照我们的习惯，引号里边既然是完整的句子，就应该用句末点号。

7.4.3 “某某说”插在引文的中间，它的后边用逗号。例如：

（58）“唔。”老栓一面听，一面应，一面扣上衣服；伸手过去说，“你给我罢。”（鲁迅《药》）

（59）“这里正在进行的，是抗旱节水高产小麦育种对比实验。”中科院遗传与发育生物学研究所农业资源研究中心植物抗旱生理遗传育种课题组的周吉解释说，“苗情的巨大差异，主要在于品种。这边是抗旱节水品种，而那边是普通的水地品种。谁优谁劣，一目了然。”（《人

民日报》2009-04-02)

有人在这种地方用句号或冒号，是不妥当的。例如：

*(60)“是的！”高千松点头说。“她正在申请入党，又很有可能被选拔去上大学，我不能耽误她的大好青春。”

*(61)“扯淡！”钟离汉打断了姐夫的话，一挥手，说：“你的病，我就能医。”

(60)句号是句末点号，“高千松点头说”的后边用了句号，管前不管后，后面引号中的话就成了别人说的了。(61)冒号用来引起下文，“钟离汉……说”的后边用了冒号，管后不管前，“扯淡！”就成了别人说的了。

“某某说”插在中间，它的前后各有一组引号。在前边那组引号中，引文的末尾怎么使用点号呢？

(62)“他不信，”砌成台子的全体石块一齐说，“马上给他看看，把他扔下去！”(叶圣陶《古代英雄的石像》)

(63)“还有什么？当病人的没有什么不可以对医生说。”看到郁容秋欲言又止，兰医生循循善诱，“要是在

这里说不方便，就到我家去吧！”（毕淑敏《女人之约》）

（62）是逗号，（63）是句号。这两例的标点都是正确的。怎么知道是正确的呢？检查的方法是，把两组引号里边的引文连起来，就可以看出是不是可以这样使用标点。

7.5 冒号的误用

7.5.1在没有停顿的地方误用冒号。冒号是句内点号，要用在句内有停顿的地方；句内没有停顿的地方用了冒号，是误用。例如：

*（64）我跳下车来，说了声：“忠爷爷再见！”就往家走去。

*（65）至于我这位朋友，是写诗的，除了报刊杂志出版社与他经常书信来往以外，别人一般均无求于他，因此，他虽然也住在小楼区，倒也地道的是：“结庐在人境，而无车马喧”了。

*（66）不久，村里又在孙九堂的倡导下，接管并扩建了乡里的一所中学。1984 年又办起了全省第一个农民电大

视听班，24 名青年不出村就上了电大。傻吗？省教育厅在给孙旗屯村建造的纪念碑上却刻着：“办学功绩，永垂青史”八个大字。

*（67）有的请他讲“从小立志成才”，有的求他讲：“小学生守则”，有的从外地赶来为他录音，还有的让他讲什么都行……

上面四个句子中的冒号都要去掉。（67）“还有的让他讲什么都行”，要改为“还有的说讲什么都行”。

7.5.2要避免出现两重冒号。有的文章在冒号概括的范围内，又用了冒号，这就形成了两重冒号。出现这种情况，多数是因为句子组织得不好。这种用法应该尽量避免。例如：

*（68）对待每天大量的垃圾广告，你应当有一个最简单、最清晰、最坚定的判断：明星做广告也一样：该忽悠的一点都不少。

*（69）也还有另一种论点：当作品涉及某些阴暗现象的时候，有的同志会说：你写的现象虽然是真实的，但要考虑文艺的党性原则。

*（70）记者在北京一些小学采访，不少教师反映：近

一两年，小学生在思想品德方面反映出来的主要问题是：有相当数量的孩子劳动观念淡薄，劳动习惯差，生活自理能力低，不珍惜财物。

（68）第二个冒号改为逗号。（69）第一个冒号改为句号。（70）可以改为两个句子："记者在北京一些小学采访，不少教师反映了近一两年小学生在思想品德方面存在的问题。这些问题主要是：劳动观念淡薄，劳动习惯差，生活自理能力低，不珍惜财物。"

7.5.3缺少冒号。有的地方应该用冒号而没有用。例如：

*（71）会议达成三点共同行动纲领，一要采取技能教育等具体措施促进就业，提高劳动者的就业能力并为失业者提供收入保障；二要依靠优化和完善社会保障体制，来提升劳动者的"信心良性循环"，形成就业和经济复苏的动力；三要从国家和国际社会层面，把社会持续稳定作为评估经济稳定的因素，重视人与社会发展的重要性。

*（72）来这儿逛街有几条注意事项，一是捂好钱包，因为太容易花超预算了，再一条就是最好穿平底鞋，免得到时候徒有逛街的心脚却受不了。

*（73）要改变那些长期不能令人满意的食堂的面貌，出路只有一条，改革。

*（74）前锋线上派出了上届西班牙大赛时为夺冠立功的三名前锋，罗西、孔蒂和阿尔托贝利。

（71）“会议达成三点共同行动纲领”具有提示性，下面是分述这三点“行动纲领”的内容。“行动纲领”后面的逗号要改为冒号。（72）“注意事项”后面的逗号改为冒号。“徒有逛街的心”的后边要加个逗号。（73）“出路只有一条”的后面用冒号。（74）“三名前锋”的后面用冒号或破折号。

8 引号（“　”）

8.1 引号的形式

引号分双引号和单引号两种。横行文字中引号是蝌蚪形，双引号是“ ”，单引号是‘ ’。一般用双引号。引号中还要用引号，就出现两层引号，外双内单。例如：

（1）“先生，‘怪哉’这虫，是怎么一回事？……”我上了生书，将要退下的时候，赶忙问。（鲁迅《从百草园到三味书屋》）

直行文字中引号是直角形，双引号是『』，单引号是「」，用哪种都可以。要用两层时，可以外双内单，也可以相反。

如果需要三层时，第三层引号的形式和第一层相同。确实需要使用三层引号的情形并不多，写文章时应尽量避免。例如：

（2）［若璩］尝语弟子曰：曩在徐尚书府夜饮，公云："今晨值起居注，上问：'古人言，"使功不如使过"，此语自有出处。'当时不能答。"（吕叔湘《"使功不如使过"的出处》）

每组引号都包括两部分，横行文稿中叫前引号和后引号，直行文稿中叫上引号和下引号。使用引号时，两部分都要使用，如果只用了前一部分而忘了使用后一部分，读者就可能弄不清引文到哪里截止。例如：

*（3）梁朝伟诚恳地说："身为公众人物，很多事情不是一般人所能想象的。明知道说谎不好，但为了工作又不得不如此，现在讲出来，心里虽松了口气，却不知影迷的态度如何？面对爱情和影迷，伟仔已多次陷入两难境地，这一次看来是豁出去了。

（3）在问号的后面要用后引号。另外，"不得不如此"后面的逗号要改为句号。

在连续引用几个段落时，每段开头都用前引号，只在最后一段的结尾用后引号。例如：

（4）我在疑惧中不及回身，然而已看见墓碣阴面的残存的文句——

“……抉心自食，欲知本味。创痛酷烈，本味何能知？……

“……痛定之后，徐徐食之。然其心已陈旧，本味又何由知？……

“……答我。否则，离开！……”（鲁迅《墓碣文》）

也可以只在第一段开头用前引号，最后一段的结尾用后引号。例如：

（5）N显出非常得意模样，忽而又沉下脸来：

“现在你们这些理想家，又在那里嚷什么女子剪发了，又要造出许多毫无所得而痛苦的人！

现在不是已经有剪掉头发的女人，因此考不进学校去，或者被学校除了名么？

改革么，武器在那里？工读么，工厂在那里？

你们的嘴里既然并无毒牙，何以偏要在额上帖起‘蝮蛇’两个大字，引乞丐来打杀？……”（鲁迅《头发的故事》）

8.2 引号的用法

8.2.1标明行文中引用的话。行文中引用别人的话要用引号标明，为的是把它和引用者的话区别开来，避免混淆。例如：

（6）这句话的出处是《三国志·吴志·吕蒙传》裴注引《江表传》，原来的话是“士别三日，刮目相待”。三天以后，大不相同，这才显得进步很快。（吕叔湘《苏东坡和“公在乾侯”》）

（7）正像鲁迅所说，模特儿“没有专用过一个人，往往嘴在浙江，脸在北京，衣服在山西，是一个拼凑起来的角色”。（叶苍岑《中学语文教学通论》）

（8）现在的大青山，树木不多，但在汉代，这里却是一个“草木茂盛，多禽兽”（《汉书·匈奴传》）的地方，古代的匈奴人曾经把这个地方当作自己的苑囿。（翦伯赞《内蒙访古》）

（9）“春蚕到死丝方尽”，这诗句是蚕的一生真实写照。（《春蚕到死丝方尽》）

（6）引用的是《江表传》里的话。（7）引用的是鲁迅《我怎么做起小说来》中的话。（8）作者已经告诉我们，他引用的是《汉书·匈奴传》。（9）引用的是李商隐的《无题》。

作品中写人物对话，可以看成是引用的，也要用引号。例如：

（10）武老头笑道：“看你写得头头是道，还以为你是个练家子呢！”那五说：“我什么也不是，马勺上的苍蝇混饭吃！”（邓友梅《那五》）

（11）大娘看着也喜欢，搂住明海的和尚头：“你真聪明！你给我当一个干儿子吧！”小英子捺住他的肩膀，说：“快叫！快叫！”（汪曾祺《受戒》）

格言、俗语都是语言中现成的话，使用它们也是引用，一般要加引号。例如：

（12）“谦受益，满招损”，这个格言流传到今天至

少有两千多年了。（吴晗《说谦虚》）

（13）古人说，“工欲善其事，必先利其器。”文字者，文学之器也。（胡适《答任叔永书》）

（12）是格言，（13）是古语。

在不至于引起意义混淆的条件下，引用的话也可以不用引号。例如：

（14）德熙常说：教师是育人楷模，是君子。君子之交淡如水，岂肯接受无名之物！（何孔敬《长相思——朱德熙其人》）

要注意引用和转述的区别。引用是把别人说的话，或者是别的著作中的话，不加改动地用在自己的文章里；转述是用自己的话把别人的意思叙述出来。引用要用引号，转述不用引号。下面是转述的例子：

（15）老人说，她儿子是个工人，出来好几年了，她是第一次去抚顺。（陈广生《人民的勤务员》）

（16）周繁漪　你父亲干什么呢？

鲁四凤　不知道。——他说，他问太太的病。（曹禺《雷雨》）

转述改为引用时，要调整人称和标点。（15）（16）可以改为：

（17）老人说："我儿子是个工人，出来好几年了，我是第一次来抚顺。"

（18）鲁贵说："鲁贵问太太的病。"

有时候，行文中既有转述，又有引用，那就只给引用的部分加引号。例如：

（19）他听说中国的女人是裹脚的，但不知道详细，所以要问我怎么裹法，足骨变成怎样的畸形，还叹息道，"总要看一看才知道。究竟是怎么一回事呢？"（鲁迅《藤野先生》）

8.2.2标明行文中论述的对象。例如：

（20）长度单位的"米"，跟吃米的"米"毫无关系；

重量单位的“克”，跟克服的“克”毫无关系。（吕叔湘《语文常谈》）

（21）“特”、“得”、“忒”三字在上海读音不同，在北京“特”和“忒”读音不分。（周有光《中国语文的时代演进》）

（20）中的“米”、“克”，（21）中 的“特”、“得”、“忒”，都是论述的对象，加了引号。

8.2.3标明有特殊含义的词语。行文中有些词语有特殊含义，需要让读者注意，就要用引号标明。这里所说的特殊含义，指的是和它本身固有的意义不同的意义，又包括许多种情况。例如：

（22）从山脚向上望，只见火把排成许多“之”字形，一直连到天上，跟星光接起来，分不出是火把还是星星。（陆定一《老山界》）

（23）而且他对于我，渐渐的又几乎变成一种威压，甚而至于要榨出皮袍下面藏着的“小”来。（鲁迅《一件小事》）

（24）此后我就留心这八只脚的“诸葛亮”怎样捉飞将，

并且看出，它有各种各样捉拿的方法。（周建人《蜘蛛》）

（25）几年来的文治武功，在我早如幼小时候所读过的“子曰诗云”一般，背不上半句了。（鲁迅《一件小事》）

（22）“之”表示弯弯曲曲。（23）“小”表示渺小。（24）“诸葛亮”指的是“单捉飞来将”的蜘蛛。（25）“子曰诗云”指“五经四书”一类的儒家经典。

（26）从这种意义上讲，科技人员与企业的零距离接触，为科技与经济的“自由恋爱”提供了条件，也为科技与经济的“优生优育”奠定了基础。（《人民日报》2009-04-02）

（27）贾凤楼让过一杯茶后，对那五说：“如今有一注财，伸手可取，可就少个量活的，想借少爷点福荫。”那五知道“量活”是作帮手的意思。就问：“什么事呢？”（邓友梅《那五》）

（28）一〇九师是东北军的部队，是红军的老“运输队”了。（徐海东《奠基礼》）

（26）“自由恋爱”和“优生优育”加上了引号，是用来比喻“结合”和“进一步的发展”。（27）“量活”是旧社会艺人们说的行话。（28）“运输队”是对敌人的讽刺。

（29）简化字推行顺利，主要由于采取了“约定俗成”原则，也就是遵从群众习惯，顺水推舟，事半功倍。（周有光《〈汉字简化方案〉的推行成果》）

（30）在广东和福建等地，有一群独特的返乡“候鸟”，他们骑着摩托车，从工作的地方，返回广西、湖南、江西、贵州等地过年。（《光明日报》2017-01-27）

（31）我孩子时候，在斜对门的豆腐店里确乎终日坐着一个杨二嫂，人都叫伊“豆腐西施”。（鲁迅《故乡》）

（32）此后她连续获得“金鸡奖”最佳女主角、中国电影“华表奖”最佳女主角奖和中国电影表演艺术学会“金凤凰奖”。（《南方周末》2009-03-19）

（33）世界上最可笑的是那些“知识里手”，有了道听途说的一知半解，便自封为“天下第一”，适足见其不自量而已。（毛泽东《实践论》）

（34）“自由王国”没有止境，科学家的探索也不会停步。（《卓越的科学家竺可桢》）

（29）“约定俗成”是成语。（30）“候鸟”是比喻。

（31）“豆腐西施”是绰号。（32）“金鸡奖”、“华表奖”和“金凤凰奖”是奖项名。（33）“知识里手”是湖南方言，内行的意思。（34）“自由王国”是哲学术语。这些都不是一般词语，使用时都加了引号。

行文中，报刊和影视作品的栏目名要用引号标明。

（35）为答谢读者积极参与，3月2日至3月12日征文在本报“我家最牛生活品”栏目刊出的作者，作为纪念奖得主将每人获得一张面值为500元的移动充值卡。（《信报》2009-03-13）

引号是标号，我们使用它是为了精确地表情达意。有特殊含义的词语是不是一律都要加引号呢？不一定，也要分析。这样的词语如果经常使用，大家很熟悉，不加引号也不会发生误解，为了简洁，也可以不加。例如：

（36）“先生，给现洋钱，袁世凯，不行么？”白白的米换不到白白的现洋钱，好像又被他们打了个折扣，怪不舒服。（叶圣陶《多收了三五斗》）

（36）“袁世凯”指的是铸有袁世凯头像的银元，可是并没有加引号。

8.3 引号的误用

8.3.1没有特殊含义的词语误用了引号。下面各句中的引号都要去掉：

*（37）随着癸酉年鸡年的日趋临近，一年一度的春节晚会再次成为广大电视观众所关注的“热点”。

*（38）这本书写得还是太“赶”了，它的每一部分几乎都是“急就章”。

*（39）那时他已经是一个负有盛名的文学理论家和诗人，但他一点没有“架子”和“派头”。

*（40）我们坐进车里，把汽车迅速地开上马路，直驶远处灯火辉煌的“燕都”大饭店。

8.3.2该用引号的引文没有用引号。这会给读者的理解造成困难。例如：

*（41）清华大学研究生会主席壮迁说，前几天，一名外国记者到清华大学采访时问我们，你们年复一年地纪念“一二·九”运动到底是为了什么？我们回答说，是为了继承光荣传统，在党的领导下奋发成才、建设四化。清华大学的同学们认为，我们前进的道路上还会遇到许多困难，必须依靠党的领导来克服。尽管党风方面还有一些问题，但大家不能埋怨、叹息，应当积极地同党一起努力加以克服。应当严谨、求实，积极维护安定团结的大好形势。

（41）因为缺少引号，不知道“清华大学的同学们认为……”是不是壮迁的话。倒数第二个句号要改为逗号。

8.3.3该用引号标明的论述对象没有用引号。例如：

*（42）认知一词最早是承认父子关系的法律用语，后来又用于哲学，表示“认识”的意思。

*（43）然而，她还感到遗憾，总觉得有两个是字没有唱好。

（42）“认知”应该用引号，而“认识”不必用引号。（43）“是”

字应该用引号。

8.3.4双引号内又用双引号。例如：

*（44）社会学家刘绮菲今天在接受记者采访时说：“《北京晚报》一直关注北京市民生活中最真挚最朴实的人生情感，这无疑会产生巨大的亲和力和感召力，如以前你们曾连续报道过的小曹贺、小明蓉、小高曼、小狄江、王凝璞等一群在生命中遭遇挫折的“苦孩子”，会唤起社会上更多的良知。”

（44）要去掉“苦孩子”上的双引号。

8.4 引文和标点

8.4.1引文里边的标点，一律照录原文，引用者不能改动。例如：

（45）汉代民间的歌曲很有许多被保存的。故《晋书》《乐志》说：凡乐章古辞，今之存者，并汉世街陌谣讴。《江南可采莲》，《乌生十五子》，《白头吟》之属也。（胡适《白话文学史》）

（45）“《晋书》《乐志》”现在要作“《晋书·乐志》”。“《江南可采莲》，《乌生十五字》，《白头吟》”里的逗号现在要用顿号，也可以不用标点。

8.4.2引文末尾点号的使用，要考虑两个因素。一个是引文是不是作为独立的句子来用，再一个是引文本身是不是完整的句子。

凡是把引文作为独立的句子来用，而引文本身又是完整的句子，引文末尾原有的句末点号不变，而且要放在后引号的前边。例如：

（46）他的宣言是：“时有古今，地有南北，字有更革，音有转移，亦势所必至。”（王力《中国语言学史》）

（47）每个人都咀嚼、回味报告里的深刻意义和警辟的语句：“革命的或不革命的或反革命的知识分子的最后的分界，看其是否愿意并且实行和工农民众相结合。”（吴伯箫《歌声》）

（46）“他”指明代古音学家陈第。这句话引自他的《毛诗古音考》。（47）引自毛泽东《青年运动的方向》。

下面几个句子内的句末点号要写在后引号的前边：

*（48）以上三条，归结起来是一条，就是电冰箱厂副厂长高健说的："工商联合起来，处处为消费者着想，路子就会越走越宽"。

*（49）她常说："好本子可以使好演员成名，一般的本子也不能使好演员失败。""'金鸡'也是许多不打鸣的'鸡'积累起来的。只要命运、机遇一光顾，我就和它'玩命'"。

*（50）"蛮子，你有几个脑袋，敢和火车碰头"。贺龙师长爽朗地笑着，"小鬼们，好好休息，好玩的还在后面呢"。

下面两例中的叹号要放到后引号的前面：

*（51）大家说："这次活动，真是一堂生动的革命传统教育课啊"！

*（52）墙上悬挂着一幅毛主席苍劲有力的手书体题词："为了反对帝国主义的侵略，我们一定要建立强大的海军"！

引文的末尾用了问号或叹号，后引号的后边不要再出现点号。下面句子里的句号要去掉：

*（53）工人们豪迈地提出："困难面前不停步，自力更生搞试验，同心协力闯难关！"。

凡是把引文作为独立的句子来用，而引文本身又不是完整的句子，那么引文末尾原有的点号要去掉，在后引号的后边加上句末点号。例如：

（54）针对这种倾向，毛泽东同志明确地指出："人的正确思想是从哪里来的？是从天上掉下来的吗？不是。是自己头脑里固有的吗？不是。人的正确思想，只能从社会实践中来"。（《光明日报》1981-09-19）

毛泽东在《人的正确思想是从哪里来的》一文中说："人的正确思想是从哪里来的？是从天上掉下来的吗？不是。是自己头脑里固有的吗？不是。人的正确思想，只能从社会实践中来，只能从社会的生产斗争、阶级斗争和科学实验这三项实践中来。"（54）引用时，最后一个句子只引用了一部分，即只引到"只能从社会实践中来"，并不完整。所以，原文"只能从社会实践中来”后边的逗号去掉了，在后引号的后边用了句号。这个句号不是引文原有的，是引用者加上去的。

如果引文不是作为独立的句子，只是作为引用者自己的话的一部分来用，不管引文本身是不是完整，后引号的前边不要用点号（问号、叹号除外）。后引号的后边要不要用点号，如果要用，又该用哪种，要由整个句子的结构来决定。例如：

（55）只有仁渡，没有叫他“渡师父”的，因为听起来不像话，大都直呼之为仁渡。（汪曾祺《受戒》）

（56）毛主席在第二次国内革命战争时期曾经批评过的“圣经上载了的才是对的”（《论反对日本帝国主义的策略》）这种倾向依然存在。（《实践是检验真理的唯一标准》）

（57）织女心里恨极了，望着两个可爱的儿女，一时说不出话来，只喊了一句“快去找爸爸”。（《牛郎织女》）

（58）纺织，不只在经济上保证了革命根据地的军民有衣穿，不只使大家学会了一套生产劳动的本领，而且在思想上教育了大家，使大家认识劳动“本身成了生活的第一需要”的意义，自觉地“克服那种认为劳动只是一种负担，凡是劳动都应当付给一定报酬的习惯”。（吴伯箫《记

一辆纺车》）

（55）（56）引文的后边没有停顿，也就没有用点号。（57）引文在句末，所以在后引号的后边用了句号。（58）中有两处引文：第一处的后边没有停顿，没有用点号；第二处引文在句末，在后引号的后边用了句号，这个句号不是引文中原有的，是引用者加上的。

下面句子里后引号前边的句号要去掉：

*（59）阵地上，“提高警惕，保卫祖国。”“全力以赴，务歼入侵之敌。”等醒目的大标语，在阳光下显得格外耀眼。

*（60）难怪安南面对美国频频的单边行动，发出“伊拉克战争使联合国的能力受到严峻考验，联合国前景从来没有如此糟糕。”的呼声。

*（61）朱熹四十九岁那年，即“鹅湖之会”后的第三年，除知南康军，访得白鹿书院遗址，奏复其旧，并亲自制定了学规，提出了“博学之，审问之，谨思之，明辨之，笃行之。”的治学方法。这就是《白鹿洞书院揭示》。

下面句子里后引号前边的句号，移到后引号的后边去。实际是把后引号前边的句号去掉，在后引号的后边加个句号。

*（62）要知道，18 世纪最杰出的醇儒巨匠马克思也热衷于搞股票，“要将对手的钱毫不留情地夺过来。”

*（63）我们在《举报须知》中特别提示“凡属通过本网站诽谤、诬告、陷害他人的，将自行承担由此产生的法律后果。”

*（64）这部很“累心”的戏让她大病一场，休养了半年多，她却很开心地说这回“痛痛快快地过了一把戏瘾。”

*（65）民警笑笑，没再说什么就走了，我很热情地邀他“有空来玩。”

（65）“有空来玩”上面的引号，也没必要，应该去掉。

下面句子里后引号前边的逗号，要移到后引号的后边：

*（66）同事们都称赞他年轻有为，但他总觉得“碗再大也比不上小盆，”当一辈子小学老师有什么出息？

不作为独立句子来用的引文，如果末尾原来有问号或叹号，引用时要保留，写在后引号的前边。这里的问号或叹号不表示句子末尾的停顿，只表示引文带有疑问语气或感叹语气。例如：

（67）在护国寺街西口和新街口没有一个招呼“西苑哪？清华哪？”的。（老舍《骆驼祥子》）

（68）所以，先前是刊物的封面上画一个工人，手捏铁铲或鹤嘴锹，文中有“革命！革命！”“打倒！打倒！”者，一帆风顺，算是好的。现在是要画一个少年军人拿旗骑在马上，里面“严办！严办！”这才庶几免于罪戾。（鲁迅《扣丝杂感》）

9 括号（（　））

9.1 括号的形式

括号有圆括号（）、方括号［］、六角括号〔〕、方头括号【】等几种，最常用的是圆括号。

括号内还要使用括号时，要使用不同形式的括号。例如：

（1）〔茸（róng）毛〕很细很细的毛。（中学课本《语文》）

（2）〔（甲）辩证法的一般问题。辩证法的基本规律〕
〔（乙）辩证逻辑的认识论。关于“认识的界限”〕
（《自然辩证法》目录）

每组括号都包括两部分，横行文字中叫前括号和后括号，直行文字中叫上括号和下括号。使用括号时，两部分都要使用，不要只用了一部分而忘了另一部分。

剧本里说明舞台布置、人物动作的语句，可以只用前括号。例如：

（3）大爷（向沉默的人）您看，我说吧，就这风气！

〔沉默的人用手指敲打着铁栏杆，表示认可。（高行健《车站》）

阿拉伯数字用作序次语时，可以只使用后括号。例如：

（4）语法规范决策的科学化

1）语法规范难以预测。

2）语法规范的保守性。

3）决策科学化在于定量分析。

（《语文建设》1991年11期）

9.2 圆括号的主要用法

括号标明行文中注释性的话。写文章写到某个地方，为了让读者对文章所讲的内容了解得更透彻，有时需要加个注释。注释的方式有篇末注、页末注、随文注等。随文注就是注释夹在正文之中，靠近被注释的正文。在使用这种注释方式时，为了把正文和注释部分区分开来，注释部分要用括号括起来。

注释的内容是多种多样的，大体上可以分为两类，一类是解释，一类是补充说明。

9.2.1同被注释语句的外延相当的，是解释性注释。例如：

（5）明朝万历三十七年（公元1609年）重修三大殿，仅采木一项，就费银九百三十余万两。（黄传惕《故宫博物院》）

（6）拍雪人（将自己的全形印在雪上）和塑雪罗汉需要人们鉴赏,这是荒园,人迹罕至,所以不相宜,只好来捕鸟。（鲁迅《从百草园到三味书屋》）

（7）“启事”是陈述事情的书信。后来在报纸上或者其他公共场合所发表的类似公开信的文件也叫“启事”。这和“启示”的意义显然大不相同（“启示”是启发、指示或指导的意思）。（王力《论词语规范化问题》）

（8）惊起一只青桩（一种水鸟），擦着芦穗，扑鲁鲁鲁飞远了。（汪曾祺《受戒》）

（9）在光华大学还有一件事给我的印象很深，教我们国文的钱基博先生（钱钟书先生的父亲）从不给我们出题目要求作文章，只给一句话或一篇短文要求作注。（张允和《张家旧事》）

（10）石油全身都是宝，就是提炼剩下的残渣——沥青（柏油），也可以用来铺柏油马路。（《石油的用途》）

（11）杨甫刚认为父亲OUT（网络用语，过时的意思）了。（《南方周末》2009-03-19）

（12）食物就是一种能够构成躯体和供应能量的物质，例如碳水化合物（包括糖、淀粉、纤维素）、蛋白质、脂肪等等，它们既能构成躯体，又能在呼吸时被氧化而放出能量。（《食物从何处来》）

（13）“水獭（tǎ）”的“獭”，不能读成“赖（lài）”。（初中课本《语文》）

（5）“万历三十七年”就是“公元1609年”。（6）解释什么是“拍雪人”。（7）解释“启示”的意义。（8）说明“青桩”是一种水鸟。（9）说明“钱基博”就是钱钟书的父亲。（10）“沥青”俗称“柏油”。（11）说明“OUT”的意思。（12）说明“碳水化合物”都包含哪些物质。（13）注明“獭”和“赖”的读音。

9.2.2对被注释语句的含义有所补充的，是补充说明性注释。例如：

（14）我先看那后记（我读鲁迅先生的书，一向是这么读法），但是看完第一面就翻不开了：书没有切边。（阿累《一面》）

（15）尽管恒星都很大，差不多每一颗都能装下几百万个地球（只有极少数比地球小），可是在辽阔的宇宙空间里，这些恒星不过像大海里的水滴，也许还要小。（郑文光《宇宙里有些什么》）

（16）有一点可以肯定，这个工程的总负责人（可能就是海通和尚）不但很有魄力，而且有很高的艺术素养和科学知识，还有很强的组织能力。（何礼荪《壮哉，乐山大佛》）

（17）曾国藩在当日隐隐的自命为桐城派的中兴功臣，人家也如此推崇他（王先谦自序可参看）。（胡适《五十年来中国之文学》）

（18）这一带岩石较为破碎，地震较多，致使河（沟）床坡降加大，山坡陡峭，而且夏季暴雨很多，这就为泥石

流的形成提供了条件。（《一次大型的泥石流》）

（19）我们要说：没有一种拼音文字的方案可以使每个人满意（只能使较大多数的人满意），而拼音文字的成功也决不在几个字母音值的吹毛求疵。（倪海曙《结束符号，建立文字！》）

（20）以后有机会我们到上海去，咱们一起研究研究。看有什么意见再说。很对不起，浪费大家很多时间。（热烈的掌声）（陈原《遨游辞书奇境》）

（14）说明为什么要“先看那后记”。（15）说明只有极少数的恒星比地球小。（16）说明对工程总负责人的推测。（17）指明“人家也如此推崇他”的参考文献。（18）说明沟床和河床一样坡降加大。（19）说明对拼音文字方案应抱有切实的要求。（20）说明演讲时听众的反应。

9.3 句内括号和句外括号

圆括号根据它注释的对象可以分为两类，一类叫句内括号，一类叫句外括号。

9.3.1 括号里的话是注释词语的，这种括号叫句内括号。

句内括号要紧贴在被注释的词语之后，如（5）至（19）。又如：

（21）北京大学哲学系教授刘华杰近十年来倾情于博物学图书的写作（最新作品是《崇礼野花》《延庆野花》）和博物学文化的研究，是当下博物学出版和传播事业的重要推动者。（《中华读书报》2017-01-25）

被句内括号注释的语句，它的后边如果要用点号，点号要在括号之后，不能在括号之前。例如：

*（22）“认识的感性阶段有待于发展到理性阶段”，（《实践论》）理性认识又能动地指导实践。

*（23）从广义上讲，它是“人类在社会历史发展过程中所创造的物质财富和精神财富的总和”，（《现代汉语词典》）。

（22）逗号移到（《实践论》）的后边。（23）去掉第二个逗号。

句内括号里的语句根据表达的需要可以使用各种标点，但是末尾只能用问号或叹号，而不能用其他点号。例如：

（24）列宁说：“对于发展（进化）所持的两种基本的（或两种可能的？或两种在历史上常见的？）观点是：（一）认为发展是减少和增加，是重复；（二）认为发展是对立的统一（统一物分成为两个互相排斥的对立，而两个对立又互相关联着）。”（毛泽东《矛盾论》）

（25）可是只要下雨（记得有一年足足下了一个月！）家里和面的瓦盆，搪瓷脸盆，甚至尿盆就全得请出来，先是滴滴答答地漏，下大发了就哗哗地往下流。（萧乾《北京城杂忆》）

（26）现在常见的杜诗版本没有作“忘城北”的，都作“望城北”，但是对“望”字仍有不同的解释，多数作眺望讲（为什么眺望城北，又有不同的说法）。（吕叔湘《宋人笔记中某些字音字义》）

（24）“或两种在历史上常见的”的后面用了问号。（25）“记得有一年足足下了一个月”的后面用了叹号。（26）“又有不同的说法”的后面没有用点号。

9.3.2括号里的话是注释整个句子的，这种括号叫句外括号。句外括号要放在句末的标点之后，括号里面的话的末尾可以有句末点号。（20）中的括号是句外括号。又如：

（27）果戈里作《巡按使》，使演员直接对看客道：“你们笑自己！”（奇怪的是中国的译本，却将这极要紧的一句删去了。）（鲁迅《答〈戏〉周刊编者信》）

（28）又比如，某些语言里名词变格是适应句法上的需要，可是附加在名词上面的形容词也跟着变格，不免是重复，是不经济。（像拉丁语那样可以把名词和形容词分在两处，那么，形容词的变格又就有必要了。）（吕叔湘《语文常谈》）

9.4 圆括号的误用

9.4.1多用括号。括号标明行文中注释性的话。要不要用括号，决定于要不要用注释。注释不是正文，是对正文的解释和补充。在用不着解释、补充的地方，也就用不着括号；解释、补充的部分可以写入正文的，也同样用不着括号。括号不宜用得太多，用得太多会不断地打断正文，影响阅读。下面几个句子内的括号都是多余的，要去掉：

*（29）在为洪承畴设立的灵堂上，洪母恸哭儿子松山就义、殉国而死，在悲痛中又有着对儿子死得其所、虽死

犹荣的欣慰之情，那一段（反二簧）唱腔，内容丰富，既悲且壮，感人至深。

*（30）请务必在汇款单上写清姓名及详细地址。（部队代号前写明所在省、市、县名称）。在汇款单附言栏务必注明所报专业。

*（31）溪东大队十二户用一百八十五担牛粪在蔗田培育蘑菇，平均单产（每担牛粪产菇量）五十斤，比该大队室内栽培蘑菇增产五成以上。

*（32）拿一只小塑料袋（没有破损），排去其中的空气，使它的两壁贴紧（口部不封合）。

（29）“反二簧”是京剧的一种声腔，用不着加括号，“唱腔”二字也可以去掉。“就义”和“殉国而死”意思重复，可改为“松山殉国”。（30）去掉括号，把括号内的话改为正文。（31）“单产”指的就是“每担牛粪产菇量”，使用“单产”是为了简洁，可作者又怕读者不懂，在“单产”后加了注释，反而费了笔墨。不如去掉“单产”，就说“平均每担牛粪产菇量五十斤”更直截了当。（32）两个括号都不用，括号内的话改为正文。说成：“拿一只没有破损的小塑料袋，排去其中的空气，使它的两壁贴紧，口部不封合。”

9.4.2少用括号。解释、补充的话应该用括号括起来，如果没有用括号，就会使注释和正文混在一起，妨碍阅读。例如：

*（33）转炉炉龄的高低，即一个新砌好炉衬砖的炉子从开始生产到炉衬损坏停炉的时间内所炼钢的炉数，直接影响转炉的周转和生产效率的提高。

*（34）原来这是钾正推开水中的氢离子——水分子是由一个氢离子和一个氢氧离子结合而成的，硬将自己代替氢离子而与氢氧离子“结合”，变成氢氧化钾。

*（35）说国殇的英雄形象是以屈匄为代表的死于丹淅之战，也就是丹阳之战的阵亡将士。这是对的。

（33）这一句在用词造句上有些毛病。“即”字前后的概念并不一致。再者，“炉龄的高低”是两面的，而“转炉的周转和生产效率的提高”是一面的。这一句可以改为：“转炉炉龄（一个新砌好炉衬砖的炉子从开始生产到炉衬损坏停炉的时间内所炼钢的炉数）的高低，直接影响转炉的周转和生产的效率。”也可以用两个破折号代替括号。（34）“水分子是由一个氢离子和一个氢氧离子结合而成的”这是补充说明。要用括号括起来。同时去掉破折号和“结合”上的引号。（35）“也就是丹阳之战”是注释“丹淅之战”的，要用括号括起来。把逗号去掉，把“这是对的”前面的句号改为逗号。

9.4.3句内括号的位置不当。例如：

*（36）不久，国民议会迁到法皇的内宫凡尔赛去（在巴黎城西南十八公里）。

*（37）唯心论历来反映剥削阶级的利益，代表剥削阶级的意识形态，是“反动派的武器，反动派的宣传工具”。（列宁《我们的取消派》）

（36）中的括号要紧贴在“凡尔赛”的后边。（37）括号里面的话是交代“反动派的武器，反动派的宣传工具”这一引文的出处的，括号要紧贴在后引号的后面，句号要移到括号的后面。

9.4.4与括号相关的点号使用不当。例如：

*（38）出版社除出了《读书生活》和《认识》两种杂志（均因抗战爆发而停刊。后一种杂志好像只出了两期，现已很少为人所知，然而是很有分量的一种杂志。）外，还出了若干译著。

*（39）1861 年以后，那拉氏（慈禧）曾经在这里搞所谓“垂帘听政”,（这是那拉氏直接掌管政权的一种形式。）指使大刽子手曾国藩、李鸿章、左宗棠等，并勾结帝国主义强盗，组织“洋枪队”，疯狂地镇压了太平天国革命。

（38）句内括号内的语句的末尾不能有句号，“一种杂志”后的句号要去掉。（39）“垂帘听政”后面的逗号要移到括号的后面，“一种形式”后的句号要去掉。

9.5 其他几种括号的用法

9.5.1标示作者国籍或所属朝代时，可用方括号或六角括号。例如：

（40）［英］亚当·斯密《国富论》

（41）〔唐〕李白

9.5.2报刊标示电讯、报道的电头，可用方头括号。例如：

（42）【新华社南京消息】

9.5.3标示公文发文字号中的发文年份，可用六角括号。例如：

（43）国发〔2017〕3号

9.5.4标示辞书里被注释的词语，可用方头括号或六角括号。例如：

（44）【出航】（船或飞机）离开港口或机场航行。

（45）〔奇观〕奇伟的景象。

9.5.5标示词曲中的宫调或牌名，可用方头括号。例如：

（46）【正宫端正好】【仙吕赏花时】

10 破折号（——）

10.1 破折号的形式

破折号是一条直线，占两个字的位置，中间不能断开。它和连接号不同，连接号占一个字或半个字的位置。

破折号一般只用一个。当破折号引出的解释说明部分不能和下文连读时，在解释说明部分的后面要再用一个破折号。

10.2 破折号的主要用法

10.2.1引出解释说明的语句。又有几种类型。最常见的是它的前后两部分所指相同，语义的重点在破折号之后。例如：

（1）河水流入死海，不断蒸发，矿物质沉淀下来，经

年累月，越积越多，便形成了今天世界上最咸的咸水湖——死海。（《死海不死》）

（2）激光的速度是一秒钟跑三十万千米，用三十万千米乘上所需时间，再除以二，就得出了地球与月球之间的距离——三十八万四千千米。（《奇特的激光》）

（3）二氧化碳和水在合成车间——叶绿体里，发生了奇妙的变化。（《食物从何处来》）

（4）这里也是科举制度的最高一级的考试——殿试的地方。（黄传惕《故宫博物院》）

有时，破折号的前边是个总说，破折号引出分说。例如：

（5）这两个伟大的发现——唯物主义历史观和通过剩余价值揭破资本主义生产的秘密，都应当归功于马克思。（恩格斯《反杜林论》）

（6）两支进入世界杯决赛次数最多的球队——巴西队和德国队将首次在决赛中相逢，争夺新世纪的第一个世界杯冠军。（《文汇报》2002-06-30）

有时，破折号引出的部分比前面的词语增加了修饰成分，扩大了语言的信息。例如：

（7）这里虽然没有炮火硝烟、刺刀枪弹，但这里也是战场，同样进行着战斗——无声的、殊死的战斗。（《光明日报》1979-05-18）

（8）书斋，在我的概念中，就是一间（不论多么小）不摆床的屋子，一个脑力工作者可以躲开一些分心的杂音——剁剁炒炒、洗洗涮涮的声音，能静下来思考的地方。（《光明日报》1983-03-23）

（9）我始终不解，许多上海人为何宁愿死守上海，挤在鸽子笼般窄小封闭的空间里，忍受最悲惨的放逐——被阳光和土地放逐。（《南方周末》1993-04-02）

（10）他们正用劳力建设自己的生活，实际也是在酿蜜——为自己，为别人，也为后世子孙酿造生活的蜜。（杨朔《荔枝蜜》）

这种条件下，也可以用逗号。例如：

（11）他就有一个娘，一个年老多病的娘。（徐志摩《老李》）

（12）现在老人不见了，只剩下了鲁鲁，悲凉地嗥叫着的鲁鲁。（宗璞《鲁鲁》）

有时，破折号引出的部分是对前边词语的解释。例如：

（13）每当肝疼发作时，他就采取自己的“压迫止痛法”——用茶壶盖、烟嘴、玻璃球、牙刷把……顶住肝部，从来没有因为肝疼影响工作。（《鞠躬尽瘁》）

（14）路——都市大动脉；立交桥——动脉栓塞通。（刘宗明《北京立交桥》）

（15）圣诞和新年餐桌上的名菜——鹅肝、牡蛎、冰淇淋蛋糕，最为畅销。（《人民日报》1979-01-09）

（16）蝉的幼虫初次出现于地面，常常在邻近的地方徘徊，寻求适当的地点——一棵小矮树，一丛百里香，一片野草叶，或者一根灌木枝——脱掉身上的皮。（法布尔《蝉》）

10.2.2引出补充说明的语句。行文中说到某些问题，作者认为有必要加以补充，就用破折号引出补充部分。例如：

（17）就我个人来说，这几年内，连遭大故，造物主——如果真有的话——不也太残酷了吗？（季羡林《哭冯至先生》）

（18）我那时并不知道这所谓猹的是怎么一件东西——便是现在也没有知道——只是无端的觉得状如小狗而很凶猛。（鲁迅《故乡》）

（19）到了中秋节——农民嘴里叫“八月十五”——母亲不知从哪里弄了点月饼，给我掰了一块，我就蹲在一块石头旁边，大吃起来。（季羡林《赋得永久的悔》）

（20）等明海学完了早经，——他晚上临睡前还要学一段，叫做晚经，——荸荠庵的师父们就都陆续起床了。（汪曾祺《受戒》）

（21）如果在地图上给每一个语音或语汇特点画一条线——方言学上叫做“同言线”，——那么两个方言之间会出现许多不整齐的线，两条线在一段距离内合在一起，在另一段又分开了。（吕叔湘《语文常谈》）

有时，还用来引出带有指示词“这”的补充说明的语句。例如：

（22）母亲同情贫苦的人——这是朴素的阶级意识，虽然自己不富裕，还周济和照顾比自己更穷的亲戚。（朱德《回忆我的母亲》）

（23）隔扇窗上各嵌了一块一尺见方的玻璃，明亮亮的，——这在乡下是不多见的。（汪曾祺《受戒》）

（24）没文化，缺技能，光靠一股笨力气，外出打工也挣不着钱——这就是堂哥堂嫂外出打工二十余年总结出来的血泪教训。（《光明日报》2009-03-21）

这种结构并不一定要用破折号，也可以不用。例如：

（25）在天安门右前方，巍然耸立着一座雄伟壮丽的大厦，这就是人民大会堂。（周定舫《雄伟的人民大会堂》）

（25）“这就是人民大会堂”的前边，就没有用破折号。

10.2.3标明语义的突然转变。说话的时候，正在说着甲事，突然想到乙事，跟着话题就转到乙事。由于是突然转变，中间要用破折号标明，否则阅读时会发生困难。语义的突然转变包括话题的转变和谈话对象的转变。标明话题转变的，例如：

（26）过了一会儿，又听见一个说："怎么，你们都走啦?难得来一趟，自由自在地洗个澡，也不多玩一会儿。——哎呀！我的衣裳哪儿去了？谁瞧见我的衣裳啦？"（《牛郎织女》）

（27）我看你的性情好像没有大改，——鲁贵像是个不老实的人。（曹禺《雷雨》）

（26）刚刚说"也不多玩一会儿"，忽然发现衣裳不见了，变换了话题，说"我的衣裳哪儿去了"。（27）刚在谈论侍萍的性情，马上又说起鲁贵，转换了话题，说"鲁贵像是个不老实的人"。

标明谈话对象转变的，例如：

（28）林先生猛抬起头来，正和那老婆子打一个照面，想躲也躲避不及，只好走上前去招呼她道："朱三太，出来买过年东西么？请到里面去坐坐。——阿秀，来扶朱三太。"（茅盾《林家铺子》）

（29）吴丽芳　姑爷爷，您看，后院这梅花开得多好！

方凌轩　哦！这是报春花。去，快浸在花瓶里。——李光同志，这次在四届人大会上，我看到了周总理，我要好好跟你谈一谈。

（苏叔阳《丹心谱》）

（28）先是和朱三太说话，忽然又变换了谈话对象，和阿秀说话。

（29）先是和吴丽芳说话，突然又转向了李光。

10.2.4标明分项列举。例如：

（30）根据研究对象的不同，环境物理学分为以下五个分支学科：

——环境声学；

——环境光学；

——环境热学；

——环境电磁学；

——环境空气动力学。

在分项列举的前边，也可以不用破折号，参见7.2.3。

10.2.5标明连续的几个阶段。例如：

（31）高大的乔木——低矮的灌木——平坦的草甸，这种随着海拔的升高，呈现出植物不同分布的现象，被称为“植物的垂直分布”。（《少年科学画报》1985年11期）

（32）解决的办法只有一条，就是把电视剧的生产纳入市场经济的轨道，走一条生产——市场——播出——盈利——再创作……的良性循环的路子。（《北京广播电视》1992-10-13）

（33）父亲开始办了一个幼儿园，他的初衷是想完成一个幼儿园——小学——初中——高中——大学的系列规划，但因力所不及的种种原因，真正办成并坚持了十七年的只有乐益女中。（张允和《张家旧事》）

（34）《文存》中有《先府宾墓志》，甚可贵。其叙世系如下表：

吴鼎——铭（余姚训导）——贞（仁和教谕）——锐——承恩（胡适《读吴承恩〈射阳文存〉》）

（34）是说《西游记》作者吴承恩的世系，自“吴鼎”起下传五代到吴承恩。

10.3 破折号和括号

破折号和括号是两种不同的标点。破折号的用法比较复杂，而括号的用法比较单纯。许多使用破折号的地方不能换成括号，只有在引出或标明补充说明的语句时，两者用法相似。例如：

（35）希腊人荷马——我们姑且当作有这样一个人——的两大史诗，也原是口吟，现存的是别人的记录。（鲁迅《门外文谈》）

（36）譬如罢，我们之中的一个穷青年，因为祖上的阴功（姑且让我这么说说罢），得了一所大宅子，且不问他是骗来的，抢来的，或合法继承的，或是做了女婿换来的。（鲁迅《拿来主义》）

（35）的“我们姑且当作有这样一个人”，（36）的“姑且让我这么说说罢”，都是起补充说明作用的。可是破折号引出的是正文，比较重要；而括号标明的词语，只是注释，不是正文。作者根据表达的需要可以做出选择。

10.4 破折号的其他用法

10.4.1表示声音的延长。例如：

（37）他们走不上二三十步远，忽听得背后“哑——”的一声大叫；两个人都竦然的回过头，只见那乌鸦张开两翅，一挫身，直向着远处的天空，箭也似的飞去了。（鲁迅《药》）

（38）收鸭毛的担一副竹筐，串乡串镇，拉长了沙哑的声音喊叫：“鸭毛卖钱——！”（汪曾祺《受戒》）

（39）我们回到祖国的心脏，

我们在天安门前深情地呼唤：

周——总——理——（柯岩《周总理，你在哪里？》）

（37）“哑——”是乌鸦的叫声。（38）“鸭毛卖钱——！”是小贩的叫卖声。（39）“周——总——理——”是人们的呼唤声。

10.4.2表示说话的中断。说话中断有几种情况，有时是说话人自己不想讲下去了，有时是说话人因某种原因而讲不下去了，有时是被别人打断了。标明说话的中断一般用省略号（参见11.3.2），因被别人打断而中断，也常用破折号。例如：

（40）“不要这样说，我不过是一个平常的人，跟你一样的人。我将来一定要接你——”他的声音颤抖起来，他流下了几滴眼泪。

“三少爷，请你以后不要再这样讲，”鸣凤连忙打断了觉慧的话。（巴金《家》）

（41）鲁大海　好，好。（切齿）你的手段我早明白，
只要你能弄钱，你什么都做得出来。
你叫警察杀了矿上许多工人，你还——

周朴园　你胡说！（曹禺《雷雨》）

（40）觉慧的话讲不下去了。（41）鲁大海的话被周朴园打断。

10.4.3表示说话中间的停顿。这种停顿可以是在思考，也可以是为了顿挫作势，也可以是其他原因。例如：

（42）我这时很兴奋，但不知道怎么说才好，只是说：“啊！闰土哥，——你来了？……”（鲁迅《故乡》）

（43）在几千公里的铁路两旁，在几百公里的公路两旁，

我的眼睛在全神贯注地寻求着——幼林。（秦似《幼林》）

（42）因为“不知道怎么说才好”，叫完了闰土的名字，迟疑了片刻。（43）突出寻求的对象“幼林”。

（44）我叫他，他就可以下来见你。不过是——（顿）他很大了，——（顿）并且他以为他母亲早就死了的。（曹禺《雷雨》）

（45）华大妈见这样子，生怕他伤心到快要发狂了；便忍不住立起身，跨过小路，低声对他说，“你这位老奶奶不要伤心了，——我们还是回去罢。”（鲁迅《药》）

（46）然后他呆在那儿，头靠着墙壁，话也不说，只向我们做了一个手势：“散学了，——你们走吧。”（都德《最后一课》）

（44）周朴园一边说一边考虑，说时有停顿。（45）华大妈劝说夏瑜的母亲，说说停停。（46）韩麦尔先生在最后一课下课时，心情激动，语气缓慢、沉重。

10.4.4引起下文。冒号的主要用法是引起下文，破折号也有这种用法。在早期白话文中，有时冒号和破折号一起使用。

例如：

（47）小栓也吃完饭，他的母亲慌忙说：——

“小栓——你坐着，不要到这里来。”（鲁迅《药》）

现在，这种并用形式用得少了，引起下文都用冒号。可是当被引起的语句另起一行时，也有人用破折号，可能是因为破折号比较醒目。例如：

（48）在我国，因为农耕是历代主要的生产，所以特别发展了农谚（天气谚语为主），这是用精炼的语言对生产实践经验的总结。例如——

“朝起红霞晚落雨，
晚起红霞晒死鱼。”（陈原《社会语言学》）

（49）它至少会证明——

在二十世纪的苍茫暮色已经踯躅在历史的地平线上之时，
中华民族正在为自身在新世纪的辉煌崛起，
作出一次最为艰巨、也最为深刻的努力；
它至少还会证明——
当今中国的如藤的纠葛，如网的麻烦，在本质上是个经济问题。

只有待经济有了银剪似的强劲，有了金斧般的威猛，才能剪去历史的檐下重重的尘网，斩断现实的大树上交错的藤蔓！（《南方周末》1993-04-02）

10.4.5引出歇后语的语底部分。例如：

（50）我是喜欢短文章的，但我也并不反对长文章。有内容的长文章是好的，就怕像王大妈的裹脚布——又长又臭，那实在受不了。（郭沫若《关于文风问题答〈新观察〉记者问》）

自然，歇后语语底部分的前面也可以不用破折号，例如：

（51）我们有些同志喜欢写长文章，但是没有什么内容，真是“懒婆娘的裹脚，又长又臭”。（毛泽东《反对党八股》）

10.4.6用在副标题的前边。例如：

（52）生命的情理

——读《在难中——深度访谈北川乡镇书记》

（53）千里归途一日还

——沪昆高铁回乡旅客见闻

有的副标题前后各用一个破折号。例如：

（54）什么是“讽刺”？

——答文学社问——

10.4.7用在诗文的后边，引出作者。例如：

（55）朱门酒肉臭，路有冻死骨。——杜甫

10.5 破折号的误用

10.5.1不该用破折号而误用。破折号的最常见的用法是引出解释说明的语句，而出问题的也常常是在这里。下面几个例子中的破折号使用不当：

*（56）他步履沉重地走到窗前，把前额贴在玻璃上，深深惋惜的目光久久地凝视着庭园中央——这张 X 光片子

的主人。

*（57）这一切，使人们想起了新中国成立前——一九三七年大旱五十天，赤地千里，四出逃荒的悲惨往事。

*（58）它既不是汽油，也不是酒精，而是金属——镁或铝。

*（59）浙江萧山县农民在有名的强潮河流——钱塘江口，筑起了拦海大堤，夺回了大片良田。

（56）“庭园中央”和“这张X光片子的主人”两者所指并不相当，中间不能用破折号。把破折号改为“的”。（57）“新中国成立前”所指的范围大，“一九三七年”的范围小。破折号改为“的”。（58）这里用不着破折号，去掉。（59）“强潮河流”是“钱塘江”，不是“钱塘江口”。把“钱塘江口”改为“钱塘江的江口”。

破折号的用法较多，但也不是万能的，不是随便哪里都可以使用。下面句子中的破折号不应使用：

*（60）一个士兵惊慌失措地跑进来向戒严司令报告：“不——不好了！工人冲了进来，挤上楼梯来了。我们用枪也拦不住。”

*（61）在亲人金珠玛米——解放军——的帮助下，我很快就恢复了健康。

*（62）《李自成——巾帼悲歌》是尤小刚执导的第一部历史题材的电视剧。

（60）表示说话慌乱，断断续续，要用省略号，不用破折号。改为“不……不好了”。（61）“解放军”是对藏语“金珠玛米”的意译。破折号改为括号。（62）《巾帼悲歌》是《李自成》中的一段，破折号要改为间隔号。

10.5.2该用破折号而误用其他标点。

*（63）他们还兴办了一个工业企业自贡市华维涂料厂。

*（64）在开园仪式上，人们再次见到了一个熟悉的身影，邓亚萍。

*（65）一种快速检验细菌性痢疾的新方法“免疫染色法”，在空军某医学研究所研究成功。

*（66）计算机科学的另一个实用分支情报检索中，语言学的问题更具体。

（63）在“工业企业”的后面用破折号。（64）“一个熟悉的身影”后面的逗号要改为破折号。（65）在“新方法”和“免疫染色法”之间要用破折号。（66）“计算机科学的另一个实用分支”就是“情报检索”，在中间要用破折号。

10.5.3该用破折号的地方误用了连接号。例如：

*（67）3月3日黎明，“重庆”号披上了霞光。士兵们刚起床，呜—呜—，又响起了战斗警报。

*（68）经过十年的实践，实创逐步探索出一套适应高科技企业孵化发展的支撑体系，由一个园区建设者逐步变成了一个超大型的“综合孵化器”，初步建立了“科研—技术—孵化—风险投资—企业壮大”的良性发展链。

（67）表示声音的延长。（68）标明连续的几个阶段，要用破折号，不能用连接号。

11 省略号（……）

11.1 省略号的形式

省略号是六个小圆点，占两个字的位置。表示整段文字的省略，用十二个小圆点，占四个字的位置，单独占一行。西方语文中省略号是三个小圆点，我国的科技文献中也有这样用的。

11.2 省略号的主要用法

省略号标明行文中省略了的话。

11.2.1标明引文中的省略。引用别人的文章或谈话，很少是全文引用，多数是只引用对自己的论述有用的部分。这是使用引文的常规，省去的部分用不着都用省略号标明。只在必须使读者知道其中有省略时，才要使用省略号。例如：

（1）于是在震耳的炮声中，我们不禁齐声朗诵起来：“……俱往矣，数风流人物，还看今朝。”（方纪《挥手之间》）

（2）跟在家人不同的，是多一道仪式，要给即将升天的猪念一道“往生咒”，并且总是老师叔念，神情很庄重：“……一切胎生、卵生、息生，来从虚空来，还归虚空去。往生再世，皆当欢喜。南无阿弥陀佛！”（汪曾祺《受戒》）

（3）“不再是那座山，不再是那道河，不见那片庄稼绿，山上没了野百合。大山人怎么过？大山人怎么活？……”浑厚、深邃的歌声，拉开河北梆子现代戏《百合岭》序幕。（《光明日报》2017-01-23）

（4）我却很佩服麒麟童，他的《徐策跑城》中“……我的耳又聋眼又花，耳聋眼花、眼花耳聋观不清城下儿郎哪一个……”和《萧何月下追韩信》的“……我和你一见如故三生有幸……”我都摇头摆尾会唱几句。（张允和《最后的闺秀》）

（1）省略号标明朗诵的不限于已经引出的那个句子，还朗诵了“俱往矣”前边的诗句。（2）告诉读者在“一切胎生”的前边还有别的话，不过省去了，没有写出来。（3）告诉读者《百合岭》的唱词不止这几句，后边还有别的。（4）标明这里引用的唱段，前后有省略。

11.2.2标明列举的省略。列举是把同类事物所包含的个体一个一个地开列出来。实际上很多时候不需要穷尽列举，只列举若干有代表性的，然后用个省略号，告诉读者其他都省略了。例如：

（5）这是一个个牵动人心的地方——都江堰、平武、映秀、漩口、北川、汉旺……（《光明日报》2009-05-13）

（6）2016年，实验京剧《浮士德》赴意大利巡演，经典大戏《杨门女将》惊艳澳洲，第七届巴黎中国传统戏曲节在巴黎隆重举办……中国戏曲频频走出国门，迈步国际舞台，展示文化之美。（《光明日报》2017-01-12）

（7）新拱村党支部书记苏代兴带领12名村民对受灾群众实行挨家挨户排危、帮扶和指导，为120户受灾群众提供技术、劳力支援；双桥村党支部书记汪正聪和村“两委”干部，为受灾群众免费送来了建筑材料……（《光明日报》

2009-05-11）

（8）他努力丰富自己的社会历练和生活体验，他开过照相馆，搞过建筑，到陕西延安山区养过蜂，办过汽车修理厂，开过图片社……（《人民日报》2009-04-02）

（5）省略号告诉读者“5·12”大地震受灾的地方不止是这六个地方，还有许多。（6）标明还有其他中国戏曲走出国门。（7）标明还有许多党支部书记在带领群众抗震救灾。（8）告诉读者“他”的社会历练。

11.2.3标明重复词语的省略。有时候，同样的词句说许多遍，写成文章时只要写出两三遍，后面用个省略号就可以了。例如：

（9）房子，房子，还是房子……自抗震救灾工作进入恢复重建阶段的第一天起，让灾区群众尽快住进温暖的新房，就成了各级党委、政府和所有关心灾区人最关心的头等大事。（《光明日报》2009-05-11）

（10）“叮叮……”2008年2月中旬的一天凌晨两点，某团边防卫生队的值班电话骤然响起。（《光明日报》2009-03-15）

（11）“小声点，你小声点……”丈夫时常望着与邻家之间的隔墙，提醒着她，“小声点好。”（刘心武《电梯中》）

要表示相同的动作连续不断地进行，只要把有关的词语重复两三次，接着用个省略号就可以了。例如：

（12）一千支“二巯基丙醇”带着降落伞，带着闪闪发亮的电灯，准确地向预定空投地点坠下去，坠下去……（《为了六十一个阶级弟兄》）

（12）写降落伞带着药品不停地坠下去。

11.2.4标明余意未尽。有时候话虽说完了，可是意思并没有完，留给读者许多思索，许多遐想。这就是所谓言有尽而意无穷。写作时可以用省略号来表示这种意境。例如：

（13）夜正长，路也正长，我不如忘却，不说的好罢。但我知道，即使不是我，将来总会有记起他们，再说他们的时候的。……（鲁迅《为了忘却的记念》）

（14）我想拉开她，我想推开这沉重的氛围，我想看见他坐起来，看见他羞涩地笑。但我无意中碰到了身边一

个什么东西，伸手一摸，是他给我开的饭，两个干硬的馒头。……（茹志鹃《百合花》）

（15）我讲完话，她只说了一句："看来，我们要分别了。"她望着我，眼睛里全是泪水。我说："不会的……"我的声音哑了。（巴金《怀念萧珊》）

（16）行文至此，我不由得又想起了30多年前的那一幕：上完课，我陪先生从五四操场边101教室走出，沿着未名湖畔小路边走边谈，绕过红楼，在通向西门的草坪上，夕阳余晖拉长了我们师生的身影……（《光明日报》2016-12-15）

（13）省略号表示了对革命先烈无限怀念的心情，表达了对革命终将胜利的信心。（14）小通讯员壮烈牺牲了，他留下的两个馒头还在。睹物思人，作者无比悲痛。省略号表示了这种深沉的怀念之情。（15）作者的夫人患重病，就要接受大手术前，作者安慰她说"不会的"，后面的省略号表示作者有许多没有说出的话。（16）写下课后"我"陪老师回家，省略号表达了师生间亲密无间的情谊。

11.2.5标明过程或情景等的省略。在记叙事件和人物时，一些次要的过程、情景不必都写出来，常常略去。在这种条件下，用个省略号告诉读者这里有所省略，读者可以用自己的想象做出补充。例如：

（17）风，更猛了。雪，更大了……（杜鹏程《夜走灵官峡》）

（18）一场紧急的抢救战，在两千里外的首都，接着开始了……（《为了六十一个阶级弟兄》）

（19）坝上坝下到处是人，汽车、推土机在匆忙地奔跑……（王愿坚《普通劳动者》）

（20）刘胡兰昂首挺胸，从六位烈士遗体前走过，踏着他们的鲜血，走到铡刀跟前……（《生的伟大，死的光荣》）

（17）省略号表示暴风雪在继续。（18）省去了在首都进行的抢救战的细节。（19）省去了对工地上繁忙景象的描写。（20）省略号告诉我们烈士已经就义，这样写比详细地记叙就义过程效果还要好。

11.3 省略号的其他用法

11.3.1 标明说话断断续续。人们说话，有时不是一口气把要说的话说完，而是说说停停，断断续续，这种情况在书面语中要用省略号标明。例如：

（21）“兰医生……您给我带话……带到了吗？”郁容秋终于没有气力化妆了，像一片剪纸，平展展地架在白色的被子下。（毕淑敏《女人之约》）

（22）差不多先生差不多要死的时候，一口气断断续续地说道：“活人同死人也差……差……差不多，……凡事只要……差……差……不多……就……好了，……何……何……必……太……太死认真呢？”（胡适《差不多先生》）

（21）写郁容秋病危时，没有力气，说话断断续续。（22）写差不多先生临终前说话断断续续。

（23）孔乙己便涨红了脸，额上的青筋条条绽出，争辩道，“窃书不能算偷……窃书！……读书人的事，能算偷么？”（鲁迅《孔乙己》）

（24）我即刻胆怯起来了，便想全翻过先前的话来，“那是，……实在，我说不清……。其实，究竟有没有魂灵，我也说不清。”（鲁迅《祝福》）

（23）孔乙己无理强辩，说话支支吾吾。（24）“我”因胆怯，怕负责任，说话支支吾吾。

（25）（连忙打电话）喂喂，是新报馆么？我姓潘，我是潘四爷呀！……我找总编辑张先生说话。快点！快点！……什么？出去了？他刚才？……哦，他刚出去。……你知道他上哪儿去了么？……不知道？……混蛋！（曹禺《日出》）

（25）打电话时和对方交谈，单从一方来看，说话是断断续续的。

人们说话有时在中间故意停一下，等一会儿再接着说下去。这种情形可以用省略号来标明。例如：

（26）孔乙己等了很久，很恳切的说道，“不能写罢？……我教给你，记着！这些字应该记着。将来做掌柜的时候，写账要用。”（鲁迅《孔乙己》）

（27）“女同志，你去借吧！……老百姓死封建。”（茹志鹃《百合花》）

（26）孔乙己要等小伙计回答，故意停一下。省略号标明他说话时的停顿。（27）小通讯员感到工作难做，迟疑了一下，说出他的看法。

破折号也可以用来标明说话时中间的停顿，参见10.4.3。

11.3.2标明说话中断。话没有说完，突然停了下来。这种中断，不管是说话人主动停下来的，还是被别人打断的，都可以用省略号标明。例如：

（28）“我父亲信佛，他想出家又舍不得姨太太。所以……”道静一边擦着眼泪一边说，“所以给我取了这么个讨厌的名字。”（杨沫《青春之歌》）

（29）一天，牛郎去喂牛，那头衰老的牛又说话了，眼眶里满是眼泪。它说：“我不能帮你们下地干活了！咱们分手了！我死了，你把我的皮留着。碰见什么紧急事，你就披上我的皮……”老牛没说完就死了。（《牛郎织女》）

（30）“那种扣子并不贵……”郁容秋只说了半句，就噤了声。（毕淑敏《女人之约》）

（31）李德林心想刚才犯过一个错误了，这回可别犯了，就说：“刚才我说得太正经了点，这回说……”小梅她妹夫说：“不正经的？”把大家都逗乐了。（何申《年

前年后》）

（28）“所以”后面停了一下，用了省略号，然后再接着说下去。（29）“碰见什么紧急事，你就披上我的皮”，怎么样呢？老牛的力气用完，没有说完。（30）郁容秋的话没有说完。（31）李德林的话没说完，就被小梅她妹夫打断了。

标明说话被打断了，也可以用破折号，参见10.4.2。

11.3.3标明沉默不语。这是由省略发展来的。例如：

（32）“你还没娶媳妇吧？”

“……”他飞红了脸，更加忸怩起来，两只手不停地数摸着皮腰带上的扣眼，半晌才低下了头，憨憨地笑了一下，摇了摇头。（茹志鹃《百合花》）

（33）彭德怀却很镇静：“为什么不能讨论？真理就是真理，弄清一些糊涂思想也好嘛！”

“……”张闻天痛苦地摇摇头。（《国防部长浮沉记》）

（34）张汉猛吸了几口旱烟，忽然话锋一转，向王二道：

“即以王二而论，他这些年飞黄腾达，财源茂盛，也必有其异秉。”

“……？”

王二不解何为“异秉”。（汪曾祺《异秉》）

（32）小通讯员因害羞忸怩而沉默。（33）张闻天深感苦痛，无言以对。（34）张汉说王二有“异秉”，王二迷惑不解，沉默不语。

11.4 省略号的误用

省略号的使用要受到许多限制：要让读者知道的意思，必须写出来，不能省略；不必让读者知道的意思，不写就是了，也用不着省略。只有在既有省略，而又需要让读者知道的情况下，才用省略号。

11.4.1多用省略号。前面说过，文章中引用别人的著作或讲话都是只引用需要的部分，如果没有特殊的需要，省略的部分不必用省略号标明。下边各句中的省略号要去掉：

*（35）一位女大学生对布源说：“我并不指望您给我回信，只希望有人听我倾诉……”另一个女孩也说：“……深宵里拥被而坐，与你说话，从未打算要你解答问题，仅仅想开口低语一番。”

*（36）铁牛快到跟前时，只没头没脑听到这么一句：“……万家大门上那一张，是张神枪手贴的……”

11.4.2省略号和“等”“等等”不能同时使用。下面句子内的省略号要去掉：

*（37）宋庆龄、茅盾、周建人……等，都热心为本书撰稿和改稿。

*（38）在英国逗留期间，技术考察组参观访问了伦敦……等地的一些大学、科学研究机关和工厂，并同英国科学界的同行就一些学术问题进行了讨论。

标明列举省略的省略号和“等”“等等”，在用法上有些区别。省略号是书面上的东西，只能看，读不出来，而“等”“等等”是语词，是可以读出来的。所以，在需要读出来的地方要用“等”“等等”，不用省略号。

11.4.3不能停顿的地方不用省略号。下面句子内的省略号都用在定语的末尾，定语和中心语之间没有停顿，因此省略号要去掉：

*（39）就是在我随意被人辱骂、踢打……的时候，我总是昂着头。我对自己说：“鲁迅先生是同我们一起的！”

*（40）相形之下，那种开会时烟、果、糖、茶应有尽有，吃饭时大摆宴席，结束时发纪念品、“处理”土特产……的人，应当感到惭愧。

11.4.4语意已尽或叙述已尽的地方，不用省略号。有人喜欢在这种地方用省略号，似乎包含着很深刻的意思，引导读者去猜想，其实是空耗读者的精力。下面句子内的省略号要去掉：

*（41）尔冬升，鸡年36岁，1.82米的个儿，其外貌伟岸英俊，秉性敦厚深沉，颇有几分儒雅风度。他4岁便走上银幕，中学毕业后，17岁正式涉足影视圈，从此，一发不可收……

*（42）轿夫的差事很辛劳，他们在山里抬上抬下时，那一前一后在崎岖的小径上一步一脚地走着的影子，犹如两棵饱经沧桑的松树在艰难地漫步岁月……

*（43）在燕山上下，太行山麓，秦岭南北，都留下了他新近的足迹……

*（44）浓浓的云彩，在群山上空暴怒地翻卷着……
敌机像一群黑老鸹，穿着云层，发出怪叫……
弯弯的河堤那边，响起了“轰轰”的爆炸声……
送公粮的民工队，在通往山区的大道上飞奔……

（42）“犹如……”这个比喻并不贴切。（43）“燕山上下，太行山麓，秦岭南北”，结构不平行，词句的组织也并不好。（44）前三个分句的末尾可以用分号，最后一分句末尾用句号。“轰轰”上不必用引号。

11.5 省略号和点号

省略号的前面通常不用点号。可有以下两种情况例外：省略号前的句子表示强烈语气、句末使用问号或叹号时；省略号前不用点号就无法标示停顿或表明结构关系时。省略号的后面一般也不用点号，但当句末表达强烈的语气或感情时，可在省略的后面用问号或叹号；当省略号还有别的话、省略的文字和后面的话不连续且有停顿时，应在省略号后用点号。例如：

（45）瑞雪在醉意的欢笑声中，很快就抹平了遗在村口的一溜一串深深的、大大小小的脚窝，仿佛是少女乘人不备，悄悄地珍藏下心上人那幸福的印迹……好一场正月飞雪，就这样来孕育第一抹春色吗？（《光明日报》2017-02-03）

（46）作为一个开国的封建皇帝，……完成了具有历史转折意义的政策调整，使社会的发展开始了脱离波谷的上升运动。（《光明日报》2017-01-25）

（45）省略号的前后都不用点号。（46）“封建皇帝”之后加逗号，表明省略号省略的是“完成了具有历史转折意义的政策调整……”之前的部分，不是“……封建皇帝”之后的部分。

下面是在省略号的前面或后面的点号使用不当的例子：

*（47）前不久，中国科学院李微带着孩子又一次来到地铁北京站，见到站务员赵玉芹，李微的心情又一次激动难平……这里有个站务员、孩子与母亲的故事。

*（48）刘忠俊、齐晓华、刘瑞民、王生才、尚智丛、王丽新、周晔、崔磊、胡春风、……在不经意间，他们谈出了对河南的印象。

*（49）他急了，说：“不、不、不，这天麻你们一定

要收下，要不，就是看不起我们山寨人……。”

*（50）人们向她祝贺，赞扬她崇高的献身精神，她是显得那么谦逊不安：“我没有做什么工作，别人都比我做得多……”。

（47）在“激动难平……”的后面要加句号。（48）“胡春风”后面的顿号去掉。（49）省略号后面的句号要去掉。（50）省略号可以不用，句号移到后引号的前面。

12 着重号（.）

12.1 着重号的形式

着重号是小圆点。在横行文字中标在字的下边，直行文字中标在字的右边。小圆点的点数和需要着重的字的字数相等。从形式上看，着重号和间隔号、圆点句号相同，但是出现的位置不同，作用不同。

着重号还有小圆圈、小三角、浪线、直线等几种。有的时候，需要着重的字、词、句，具有不同的性质，这时就要用到两种甚至两种以上不同形式的着重号。例如：

（1）称代式提示成分一般用在句首，句中用代词来称代它，提示成分之后，有明显的停顿，书面上常用逗号或破折号来表示。例如：

国家的统一，人民的团结，国内各民族的团结，这是我们的事业必定要胜利的基本保证。（胡裕树主编《现代汉语》）

（1）小圆点标明提示成分，小三角标明称代提示成分的代词。

有的书刊用改换字体来表示着重，如在宋体字中夹用黑体、楷体。这也没有什么不可以，不过这已经超出了标点符号的范围，我们这里就不去讨论了。

12.2 着重号的用法

着重号标明要求读者特别注意的字、词、句。例如：

（2）佛教的文学最富于想像力，虽然不免不近情理的幻想与“瞎嚼蛆”的烂调，然而对于那最缺乏想像力的中国古文学确有很大的解放作用。（胡适《白话文学史》）

（3）当两种语言，两种方言，两种文字有了接触的机会时，不知不觉地会互相渗透，互相借用，互相补充。（陈原《在语词的密林里》）

（4）语法和修辞的学习是只能帮助阅读和写作，不能

替代阅读和写作的。（吕叔湘、朱德熙《语法修辞讲话》）

（5）说“这个人说的是北方话”，意思是他说的是一种北方话，例如天津人和汉口人都是说的北方话，可是是两种北方话。（吕叔湘《语文常谈》）

这些要求读者特别注意的字、词、句，多数是语义的重点，如（4）强调“帮助”和“替代”，也有的是提醒读者注意分辨，如（5）。

要避免滥用着重号，一定要在十分必要时才使用。有人觉得自己文章中许多地方都应该引起读者注意，所以就用了许多着重号。这样原以为可以收到好的表达效果，可是结果往往适得其反，因为读者分不清哪里更重要，也就失去了使用着重号的意义。例如：

*（6）这成功的原因，我觉得，首先是，她的阶级性完全溶化在个性中显示出来：那样异乎寻常的勤劳和俭朴，那样死心眼的淳厚和倔强，完全是个有血有肉的劳动妇女。其次，她的形象和性格虽有巨大的发展，而在巨大的发展中，仍然保持着高度的统一性，给我们一个非常生动的、但仍然是明朗的印象。最后，应该注意的是：她的

性格的表现和发展，在基本上，**都是透过反封建斗争这一课题显露出来，因而紧紧地拥抱了主题，突出了主题思想。是这三种原因的综合，她才永远活在新文学史上，成为塑造人物的光辉范例**。

要注意着重号和引号的区别。引号可以标明论述的对象（参见8.2.2），使用引号是为了提醒读者注意作者对这些词语的论述；而用着重号标明的字、词、句，本身就是作者的论述，就是作者提出来的看法，谈不上进一步论述。（1）至（4）的着重号不能换成引号。

13 连接号（—）

13.1 连接号的形式

连接号的基本形式是短横，占一个字的位置，印刷行业叫一字线。它还有另外两种形式，就是短横线（-）和浪纹线（~）。

连接号和破折号不同，不要相混。破折号是一长横，占两个字的位置。

13.2 连接号的用法

连接号和英文的Hyphen近似。在英文中Hyphen主要用来表示某一类型的复合词，如：non-combatant（非战斗人员），fire-damp（沼气），rear-guard（后卫）。连接号的基本用法是把意义密切相关的词语、字母、数字连成一个整体。

13.2.1一字线连接号连接词语，构成复合结构。例如：

（1）中国古人类—旧石器专业委员会主任、中国科学院古脊椎动物与古人类研究所研究员高星认为，这是一项有关远古人类技术、思维和审美追求的重要考古发现。（《光明日报》2009–04–30）

（2）古典中学开设拉丁文、希腊文课，是把教育—教养目的放在第一位，而不讲究实用目的的。（《国外外语教学法主要流派》）

（3）美国已找到一种制备煤—油燃料的新型乳化剂，它由不饱和脂族和环脂族、羧的掺合物与碱金属氢氧化合物或胺作用制取。（《光明日报》1979–10–18）

（4）根据比利时皇家科学院的倡议而举办的“中国—西方讨论会”今天下午在布鲁塞尔开幕。（《光明日报》1987–11–25）

（5）语文学有三大传统：希腊—罗马、印度和中国的小学。（《语文研究》1991年2期）

（6）它还透露，从参加投票的广大群众的情绪来看，人民是倾向反对万斯—欧文计划的。（《人民日报》

1993-05-18）

一字线连接号还可以连接名词，表示地域或时间的起止。有的可以读为“至”。例如：

（7）马尼拉—广州—北京航线八月一日首次通航。（《光明日报》1979-08-02）

（8）永定河以大致西北—东南的走向流经京津地区。（《科技书刊标准化18讲》）

（9）沈括（1031—1095），宋朝人。

13.2.2短横线连接号连接号码、代号和汉字，包括产品型号、序次号、门牌号、电话号、年月日等。前后多是隶属关系，可以读为“杠”。例如：

（10）CH-53E是在CH-53D基础上重新设计的更大型的重型起重直升机，公司编号S-80，绰号“超种马”。（《舰船知识》1998年5期）

（11）全美航空公司一架由纽约飞往芝加哥的麦道-80型飞机，起飞后不久因引擎故障在纽约肯尼迪国际机场迫

降。（《信报》2009–03–13）

（12）安宁里东路26号院3–2–11室

（13）联系电话：010–88842603

（14）参见下页表2–8、表2–9

13.2.3短横线连接号连接外国人的复姓或双名。例如：

（15）约里奥－居里（Frédéric Joliot–Curie，1900–1958）法国物理学家。物理学家居里夫妇的女婿。对原子核物理学有重要贡献。（《辞海》）

（16）让－皮埃尔·佩兰

（15）“约里奥-居里”是复姓。（16）“让-皮埃尔”是双名。

13.2.4浪纹线连接号连接数字，表示数值范围。例如：

（17）马克·吐温（1835～1910），美国进步作家。

（18）照片上的睡鼠是最小的一种，从头到尾只有11～17厘米长。

（19）蚜虫可用40%乐果乳剂800～1000倍液防治。

（20）当温度在 20 ~ −190℃之间降低时，对于某些钢材，虽然冲击韧性这时有明显的下降，其持久极限却增加两倍多。（《材料力学手册》）

一字线连接号也可以连接相关的数字。例如：

（21）鲁迅（1881—1936）

13.2.5短横线连接号连接用阿拉伯数字表示的年、月、日。这是国际标准化组织推荐的形式。例如：

（22）1993-05-04（1993 年 5 月 4 日）

13.2.6短横线连接号用在汉语拼音中表示半连。《汉语拼音正词法基本规则》规定："为了便于阅读和理解，某些并列的词、语素之间或某些缩略语当中可用连接号。"例如：

（23）bā-jiǔ tiān（八九天）

rén-jī duìhuà（人机对话）

lù-hǎi-kōngjūn（陆海空军）

biànzhèng-wéiwù zhǔyì （辩证唯物主义）

Cháng-Sānjiǎo（长三角［长江三角洲］）

Hù -Níng-Háng Dìqū （沪宁杭地区）

Zhè -Gàn Xiàn（浙赣线）

Jīng-Zàng Gāosù Gōnglù（京藏高速公路）

shíqī-bā suì （十七八岁）

zhōng-xiǎoxué （中小学）

13.3 连接号的误用

13.3.1把破折号当作了连接号。连接号的长度是一个字，如果写成了两个字就变成了破折号。下面几个句子中的破折号要改为连接号：

*（24）李四光向毛主席汇报，在我国，第三沉降带的呼伦贝尔——巴音和硕盆地、陕北——鄂尔多斯盆地、四川盆地；第二沉降带的松辽平原、包括渤海湾在内的华北大平原、江汉平原和北部湾；尤其是第一沉降带的黄海、东海和南海，都有天然石油和天然气。

*（25）青年旅社1——7月住房率比去年同期增长4%。

（24）的两条二字线都要改为一字线连接号，两个分号都要改为逗号。（25）二字线要改为浪纹线连接号。

13.3.2不该用连接号的地方用了连接号。例如：

*（26）“这上面的字怎么这么乱？你帮我看看，有没有陈—志—先，他是十室的……”

（26）“陈志先”中间用不着连接号，要表示一字一顿，该用顿号。

13.3.3该用连接号的地方用了别的标点。例如：

*（27）声调不仅是一种生理·物理现象，更重要的它是一种具有社会功能的能够区分语义的“语言现象”，因此，不能单纯地从生理·物理方面去注意。

（27）连接号表示连接，间隔号表示间隔，两种标点要分开。“生理·物理”中的间隔号要改为连接号，“语言现象”上的引号也没有必要。

14 间隔号（·）

14.1 间隔号的形式

间隔号是小圆点，用在被隔开的词语的中间，上下居中。

14.2 间隔号的用法

14.2.1 标明外国人或少数民族人名内各部分的分界。例如：

（1）尼古拉·哥白尼

（2）乔尔丹诺·布鲁诺

（3）爱新觉罗·努尔哈赤

（4）阿沛·阿旺晋美

在拼音文字中，人名的各个部分要分写。例如：Nicolaus Copernicus。翻译成汉语，中间不能连写（尼古拉哥白尼），也不能分写（尼古拉　哥白尼），只能加间隔号，写成：尼古拉·哥白尼。也不能用顿号，用了顿号就变成两个人了。

外国人名中有时用缩写字母，翻译成中文后，缩写字母的后边要用下脚点，不用间隔号。例如：

（5）A. 罗伯特·李

（6）埃德蒙·S. 卡彭特

14.2.2标明书名与篇（章、卷）名之间的分界。例如：

（7）《史记·项羽本纪》

（8）《孟子·梁惠王上》

（9）《中国大百科全书·语言文字》

有人把《汉书·艺文志》写为《汉书》《艺文志》，这就容易被当成两部书，所以不能这样写。

14.2.3标明诗体、词牌和诗词题目的分界。例如：

（10）《五律·春望》（杜甫）

（11）《念奴娇·赤壁怀古》（苏轼）

14.2.4标明并列词语之间的分界，用于文章标题或书刊名中。例如：

（12）狗·猫·鼠（《朝花夕拾》）

（13）思想·山水·人物（书名）

（14）课程·教材·教法（刊物名）

并列词语间的停顿本来要用顿号，可是在标题中为了醒目常常用间隔号。

14.2.5标明月份和日期之间的分界。例如：

（15）一二·九运动

（16）七·七事变

（17）5·12汶川大地震

对那些已经比较凝固的具有特殊含义的月份和日期间也可不用间隔号。“七·七事变”写为“七七事变”，在读时中间并没有停顿。

14.3 间隔号的误用

14.3.1把相关的几部分连成整体要用连接号，不用间隔号。例如：

*（18）探讨语义·语法范畴，是在语法研究中将形式和意义结合起来的有效方法。

14.3.2月份和日期之间的分界不用顿号，要用间隔号。下例中的顿号要改为间隔号：

*（19）《一号围捕令》再现“十、八”枪击大案（文章标题）

15 书名号（《》）

15.1 书名号的形式

书名号用尖角号，有单双两种。一般用双尖角号。当书名号内还要用书名号时，外双内单。如：《〈呐喊〉自序》《〈物种起源〉导论》。

书名号还有另一种形式，就是浪线（﹏﹏），用在古籍或某些文史著作里面，和专名号（＿＿）配合使用。在横行文字中，标在书名的下面，直行文字中标在书名的左边。

15.2 书名号的用法

书名号标明书名、篇名、报刊名等。例如：

（1）在导师的指导下，她通读《内经》《伤寒论》及由导师指定的医家名著。（《人民日报》2009-04-02）

（2）他的文章在《人民日报》上发表了。

（3）在歌舞《金鸡报晓》中，160多只“小鸡”全部由幼儿园的小朋友扮演。（《光明日报》2017-01-28）

（4）桌上放着一本《北京文艺》。

影视、戏曲、绘画、雕塑光盘名、软件名等作品的名称，也要用书名号。例如：《女篮五号》（影片）、《渴望》（电视剧）、《贵妃醉酒》（京剧）、《开国大典》（油画）、《庄子研究文献数据库》（光盘）、《电脑卫士》（软件）。

书名有时带有括注。如果括注是书名、篇名等的一部分，应放在书名号之内，反之则应放在书名号之外。

《人民日报》（海外版），不要写作《人民日报（海外版）》，或《人民日报·海外版》。《百科知识》（彩图本）不要写作《百科知识（彩图本）》。

作品的简称，也可以用书名号。例如：《红楼》（《红楼梦》）、《三言二拍》（《喻世明言》《警世通言》《醒世恒言》《初刻拍案惊奇》《二刻拍案惊奇》）。

使用书名号是为了把作品名和一般词语区分开来，便于理解。在不用书名号也不会引起混淆时，也可以不用。例如：

（5）当年新华日报在重庆与国民党作斗争，当然是阶级斗争，但就在那时，阶级斗争也不是报纸的全部内容。（《光明日报》1979-10-28）

书名号连用时，中间一般不用顿号；如果作者愿意用上顿号，也不算错。例如：

（6）在央视2008年首播的数十部电视剧中，很多都被读者关注和喜爱，比如《乡村爱情2》、《台湾1895》、《好人谢延信》、《夜幕下的哈尔滨》、《上书房》、《神探狄仁杰3》、《绝密押运》等等。（《中国电视报》2008-12-29）

15.3 书名号的误用

15.3.1随意扩大书名号的使用范围。有人在产品、奖品、单位、活动、课程、竞赛、展览会、讨论会、交流会等的名称上，都用了书名号，这是不对的。书名号的实质是著作号或作品号，对于那些并非著作或作品的名称不要使用书名号。例如：

*（7）河南省首届《教育学》《心理学》师资培训班于3月15日在郑州市蒙阳师范学校开学。

*（8）本月3日至7日，在马德里召开的伊比利亚半岛第一届肿瘤学大会上，西班牙专家巴瓦尔希德做了关于《研究和运用肿瘤基因诊断癌症》的专题报告，受到与会者的重视。

上面各例的书名号要去掉，可以改用引号。

有的地方本该用书名号而误用了引号。例如：

*（9）1887年第二卷出版了，题名为“革命诗集”。

*（10）它让我想到军旅冲锋时吹奏号角的号手，大洋上航行的船桅上猎猎的旗，远古留下的摩崖石刻，长城，宇宙飞船，李白的诗篇，司马迁的《史记》，贝多芬“第九交响曲”，达·芬奇的《蒙娜丽莎》，罗丹的《思想者》……

（9）的“革命诗集”，（10）的“第九交响曲”，都是作品名，要用书名号。

15.3.2只标示整个著作名或作品名的一部分。有人用书名号只标示著作名称或作品名称的一部分，这也是不对的。下面两例标法不妥：

*（11）我一边翻着当天的《市场》报，一边随口和他们应酬着。

*（12）会议表决通过了全国人大常委会关于批准《中华人民共和国和大韩民国关于移管被判刑人的条约》的决定、关于批准《中华人民共和国和澳大利亚关于移管被判刑人的条约》的决定、关于批准《中华人民共和国和委内瑞拉玻利瓦尔共和国关于刑事司法协助的条约》的决定，批准了上述条约。

（11）要改为《市场报》。（12）要改为：会议表决通过了《全国人大常委会关于批准〈中华人民共和国和大韩民国关于移管被判刑人的条约〉的决定》《全国人大常委会关于批准〈中华人民共和国和澳大利亚关于移管被判刑人的条约〉的决定》《全国人大常委会关于批准〈中华人民共和国和委内瑞拉玻利瓦尔共和国关于刑事司法协助的条约〉的决定》，批准了上述条约。

16 专名号（____）

16.1 专名号的形式

专名号是直线，横行文字中标在专名的下面，直行文字中标在专名的左边。

16.2 专名号的用法

专名号表示人名、地名、朝代名等。例如：

（1）这武松提了哨棒，大着步，自过景阳冈来。（《水浒传》第二十三回）

（2）唐文学比起文学史上著名的建安、太康、齐、梁诸时期来，是一个规模空前的发皇时期。（范文澜《中国通史简编》）

（1）“武松”是人名，“景阳冈”是地名。（2）“唐”“齐”“梁”是朝代名。“建安”“太康”是年号名。

专名号还表示国家、党派、机关团体、工厂、学校等名称。例如：

（3）中国、日本、越南（国家名）
（4）中国共产党、九三学社（党派）
（5）北京市民政局、中华全国总工会（机关团体）
（6）第一机床厂、洛阳拖拉机厂（工厂）
（7）北京大学、育才学校（学校）

专名号在书写和印刷上都比较麻烦，因此现代白话文中很少使用，只在古籍和某些文史著作里面使用。在这类著作里面，为了和专名号配合，使得形式比较谐调，书名号常常使用浪线式（﹏﹏）。

使用专名号要区分专名和通名。专名号只标在专名上，不标在通名上。例如：张经理、王厂长、河北省、密云区。可是有的时候专名和通名结合得很紧，习惯上不能分开，专名号也只好连通名包括在内，如：北京大学。

17 分隔号（／）

19.1 分隔号的形式

分隔号是斜线（／），用在需要分隔开的语句之间。

19.2 分隔号的用法

19.2.1隔开诗行。把分行写的诗，改写为不分行时中间要用分隔号隔开。例如：

（1）在田野看白鸟飞翔，他想到王维田园诗的飘逸之美：一条／美妙的弧线／自王维水田中／逸出 （《人民日报》2009-04-02）

19.2.2隔开举例用的词或短语。例如：

（2）不宜　　〔动〕不适宜。必带动词、形容词（多为双音节以上）作宾语。多用于书面。

年事已高，～远行｜事关重大，～操之过急｜孩子正在长身体，衣服～做得太瘦｜路途～太远｜冬天～喝凉茶（《现代汉语八百词》）

19.2.3隔开标题。例如：

（3）最近在报上看到一条新闻的标题，就觉得大可斟酌。这条新闻的标题是“伊拉克山雨欲来／近二百名军官被捕”。（吕叔湘《文风偶记》）

（3）中引用的新闻标题，原是分行的，引用时写在一行，要用分隔号隔开。

19.2.4隔开供选择的两项，读为“或”。例如：

（4）埃斯库罗斯 Aeschylus（公元前 525 ／ 524 ～前 456 ／ 455）古雅典三大悲剧家之一。（《简明不列颠百科

全书》1.216）

（5）最突出的一个例子是“不以为然”。这本来是“不同意”“不赞成”的意思，照字面分开讲就是“不认为［这件事／这句话］是对的”。（吕叔湘《熟语变形、变义》）

（5）意思是“不认为这件事是对的”或“不认为这句话是对的”。

19.2.5隔开同属一组的两个个体。例如：

（6）杭州列车段119／120次杭州至北京快车

（7）双打比赛，陈龙灿／韦晴光胜四场未失一局。

（6）指一对上行下行的列车。（7）指一对双打乒乓球选手。

19.2.6隔开复合单位词，应该读为“每”。例如：

（8）国际心脏病学会已作出如下结论：血胆固醇在160—180毫克／100毫升时，冠心病的危险最小。（《体育报》1987-12-14）

（8）读为160至180毫克每100毫升。

18 隐讳号（×）

17.1 隐讳号的形式

隐讳号是叉，一个叉代替一个字。

17.2 隐讳号的用法

隐讳号用来代替不便写出来的字。这些字不便写出来，有的是为了保密，有的是有所回避，有的是泛指。被代替的常常是姓名、单位、日期、数字等，还有就是污秽的字眼。有些隐讳号可以读为“某”。例如：

（1）在江苏省东台县燃料公司等单位工作期间就有经济问题的张××，去年下半年被调到某家物资贸易中心，

担任该中心钢材仓库保管员。(《光明日报》1985-11-10)

(2)我问她:“你要打电话吗?”她一面爬下竹凳,一面点头说:“我要××医院,找胡大夫,我妈妈刚才吐了许多血!”(冰心《小橘灯》)

(3)我拉开一个重彩号的符号时,“通讯员”三个字使我突然打了个寒战,心跳起来。我定了下神才看到符号上写着×营的字样。(茹志鹃《百合花》)

(4)像我,穿着一身黄咔叽布的工人制服,嵌着“Conductor××”蓝磁牌的制服帽戴在后脑勺上,平素看惯了西装同胞的嘴脸,现在忽然受着这样的优遇,简直有点窘了起来。(阿累《一面》)

(5)回到家,我拿起报纸,上有一则“狗讣告”,大意是:爱犬不幸于×日去世,不胜哀痛之至,现定于×日厚葬于××狗公墓,云云。(《北京晚报》1987-06-09)

(6)发奖金的时候,有的人作鬼脸说,这是“大篷车”卖×挣回来的钱。(毕淑敏《女人之约》)

(7)出书得自掏腰包,外加包销×千册,而这一切,阮囊羞涩的爬格子者却觉得斯文扫地回天无力而捻须浩叹。(《南方周末》1992-12-18)

对不便写出姓名的人，也可以用拉丁字母来代替。一般用姓氏的汉语拼音的第一个字母。例如：

（8）D 是毕业数载而因参加运动尚待分配的“骑士”之一，光棍儿，三十好几的人。（《南方周末》1993-04-16）

19 虚缺号（□）

18.1 虚缺号的形式

虚缺号是方框，一个方框代替一个字。

18.2 虚缺号的用法

虚缺号代替所论述的事物中缺损的字或无法辨认的字。例如：

（1）还发现了“单于天降”“四夷□服”以及“单于和亲”“千秋万岁”“长乐未央”等文字的瓦当残片。（翦伯赞《内蒙访古》）

（2）太阳也出来了；在他面前，显出一条大道，直到他家中，后面也照见丁字街头破匾上“古□亭口”这四个黯淡的金字。（鲁迅《药》）

20 象声号（～～）

20.1 象声号的形式

象声号是浪线，写在一行的中间，占两个字的位置。

20.2 象声号的用法

象声号表示声音的延续，同时又带有抑扬摇曳的意味。破折号可以表示声音的延续，但是不能表示声音的抑扬摇曳，所以象声号和破折号不同。例如：

（1）大男的胳膊给老妇人抱住，不能取那翡翠簪儿，“哇～～”突然哭起来了。（叶圣陶《夜》）

（2）“咳～～开～～啦！”桩家揭开盒子盖，也是汗流满面的唱。（鲁迅《阿Q正传》）

21 示亡号（$\boxed{}$）

21.1 示亡号的形式

示亡号是长方框，套在已经去世的人的姓名的外面。

21.2 示亡号的用法

示亡号套在姓名外面，标明此人已经去世。例如：

（1）《汉语大词典》（1990 年版）

编辑委员会

主　编　罗竹风

副主编　$\boxed{\text{吴文祺}}$　张涤华　陈　落

$\boxed{\text{洪　诚}}$　洪笃仁　徐　复

蒋礼鸿　蒋维崧

示亡号多用在书籍的封面或内封上，标明近期去世的作者，表现出肃穆庄重的气氛和悼念悲痛的感情色彩。某人去世已久，读者都已知道，不会误解，就不必加示亡号。

22 标示号（*）

22.1 标示号的形式

标示号是星号，用在需要标示的语句的左上角或右上角。

22.2 标示号的用法

22.2.1标示题注。例如：

（1）反对党八股 *

同页页末的题注为“这是毛泽东同志在延安干部会上的讲演”。

22.2.2语文著作中标示病例。本书在有标点错误的句子前就加标示号。

23 序次语和标点

23.1 序次语和标点的配合

序次语包括表示序次的语词和数字。汉语中表示序次的语词有些现在已经很少用了，如："元亨利贞、天地玄黄、子丑寅卯"等等。下面列出目前常用的序次语和相关的标点：

23.1.1表示序次的语词。

第一，第二，第三，…… 后面用逗号。

首先，其次，再次，…… 后面用逗号。

一则，二则，三则，…… 后面用逗号。

第一条 第二条 第三条…… 后面空一格。

第一章 第二章 第三章…… 后面空一格。

第一节 第二节 第三节…… 后面空一格。

23.1.2汉字数字。

壹 贰 叁 肆…… 后面空一格。

一 二 三 四…… 后面用顿号或空一格，不能用逗号。

（一）（二）（三）（四）…… 外面加圆括号，后面不再用点号。

23.1.3阿拉伯数字。

1. 2. 3. 4.…… 右下加下脚点（圆点），不能用逗号或顿号。

（1）（2）（3）（4）…… 外面加括号。

①②③④…… 外面加圆圈。

1）2）3）4）…… 外面加半个括号。

23.1.4拉丁字母。

A. B. C. D. 右下加下脚点。

a. b. c. d. 右下加下脚点。

23.2 序次语的层次

23.2.1只用一层时，多用语词或汉字数字。例如：

（1）人才问题，别的不说了，今天就讲两点。第一，能不能每年给知识分子解决一点问题，要切切实实解决，

要真见效。第二，要创造一种环境，使拔尖人才能够脱颖而出。（邓小平《改革科技体制是为了解放生产力》）

（2）阅读杂文要注意如下几点：

一、了解杂文内容的针对性。……

二、注意杂文写法和取材的一般特征，特别是说理的形象性。……

三、要注意杂文丰富多彩的语言风格。（高中课本《语文》）

23.2.2使用多层序次语时，先用汉字数字，后用阿拉伯数字。哪种在上，哪种在下，还没有形成统一的规范，使用非常分歧。不少人使用下列序列：一、（一）1.（1）。例如：

一、事业编制分成四个部分：校本部人员、专职科研人员、实验实习工厂人员和直属单位人员。

（一）校本部人员

1. 教师：由专任教师和学生思想政治工作人员构成。

（1）专任教师指在教学岗位上专职从事教学工作，或从事教学工作为主、兼任科研或党政工作的教师。

（2）学生思想政治工作人员是指从事学生思想政治教

育的专职人员。

2. 图书资料人员：指从事图书、情报资料工作的人员。

3. 实验技术人员：……

（二）专职科研人员指在国家主管部门及学校批准建立的研究所（中心、室）内工作的专职研究人员，……

（三）实验实习工厂人员指学校或系、所、中心建立的为教学科研服务的工厂的人员。

（四）直属单位人员指学校附设或代管单位，如附中、附小、校医院、街道办事处等单位的工作人员。

二、企业编制人员：是指经国家教委或学校批准成立的主要从事科技产品开发的校办产业实体中具有全民身份的非事业编制人员。

（《北京大学编制管理暂行办法》）

24 标点符号的位置

1.句号、问号、叹号、逗号、顿号、分号、冒号这七种点号一般占一个字的位置，通常不出现在一行之首。书写时，这七种点号如果正好赶上在一行之首，就要把它提到上一行的最后一个格内，和那个格内原有的汉字挤在一起。例如：

×	×	×	×	×	×	×	×	×	×	×	×	×	×	×	×	×	×
×	×	×	×	×	×	×	×	×	×	×	×	×	×	×	×	×	×。

在印刷时，要把上一行的字距稍稍加大，挤下一个字来放在下一行之首，原在行首的点号就退居到第二个格内。

2.引号、括号、书名号的前一半不出现在一行之末，后一半不出现在一行之首。遇到这三种标号的前一半正好赶上一行之末时，就把下一行的第一个字提上来，和标号挤在一个格内。例如：

×	×	×	×	×	×	×	×	×	×	×	×	×	×	×	×	×	“×

遇到这三种标号的后一半正好赶上一行之首时，就把标号提到上一行的最后一个格内，和格内原有的汉字挤在一起。例如：

×	×	×	×	×	×	×	×	×	×	×	×	×	×	×	×	×	×”

3.破折号和省略号占两个字的位置，中间不能断开。遇到行末只剩下一个格，而又出现了破折号、省略号时，要把这一行的字距稍稍加大，挤出一个字来把行末的空格占满，让破折号、省略号自下一行开始。例如：

<table>
<tr><td>×</td><td>×</td><td>×</td><td>×</td><td>×</td><td>×</td><td>×</td><td>×</td><td>×</td><td>×</td><td>×</td><td>×</td><td>×</td><td>×</td><td>×</td><td>×</td><td>×</td><td>×</td></tr>
<tr><td colspan="2">——</td><td>×</td><td>×</td><td>×</td><td>×</td><td>×</td><td>×</td><td>×</td><td>×</td><td>×</td><td>×</td><td>×</td><td>×</td><td>×</td><td>×</td><td>×</td><td>×</td></tr>
</table>

4.连接号和间隔号占一个字的位置。

5.在横行文稿中，着重号、专名号和浪线式书名号标在字的下边；在直行文稿中，着重号标在字的右侧，专名号和浪线式书名号标在字的左侧。

6.标点符号排在一行末尾时，若为全角符则应占半角字符的宽度（即半个字位置），以使视觉效果更美观。

有关标点符号的短论

（一）新中国标点符号规范述略

新中国成立以后，随着经济建设的逐步展开，文化建设也在逐步展开。标点符号的规范问题，受到了重视。1951年9月，中央人民政府出版总署公布了《标点符号用法》（以下简称《用法》）。同年10月，政务院又发布了《关于学习〈标点符号用法〉的通知》，要求“全国各级人民政府机关处理文件人员、各报刊出版机关编辑人员、各学校语文教员和学生，一律加以学习，务使今后一切文件和出版物，均按该件规定，统一标点符号的使用”。同年6月6日《人民日报》开始连载吕叔湘、朱德熙两位先生合写的《语法修辞讲话》，讲话的第六讲是《标点》。在这一讲中，吕、朱两位先生对标点的使用做了深入而详尽的分析。1990年3月，国家语言文字工作委员会和新闻出版署修订发布了《标点符号用法》（简称《新用法》）。《新用法》对1951年的《用法》做了全面修订，这标志着标点的研究和规范进入了新阶段。下面从几个方面对40多年来标点的研究和规范做一评介。

一、符号的名称。“！”这种符号，《用法》叫感叹号；《标点》叫叹号；1971年版《新华字典》改叫感情号；台湾沿用传统名称，仍叫惊叹号；《新用法》采用吕叔湘先生的意见，统一叫叹号。

“*”这种符号，有人叫星号，有人叫注释号①，有人叫标示号②。把*叫星号，根据的是形式而不是作用，和整个标点符号命名的原则不合。再从作用说，*号主要不是表示注释。《语法修辞讲话》初版单行本有个“注意”：“从第二讲起，凡是正确的句子，在头上加*号为记。”把*叫作标示号可能较好。同理，“/”号有人叫斜线号，这是根据形式，根据作用可以叫作分隔号。用来表示外国人或某些少数民族人名内各部分分界的中圆点“·”，《标点》叫分读号，台湾叫音界号，《新用法》叫间隔号。

二、符号的形式。《用法》的引号是⊐和⊐。1955—1956年，报刊由直行改为横行，引号相应地改用“”和‘’。《新

① 周振甫《怎样使用标点符号》，中国青年出版社1952年版。

② 苏培成《标点符号实用手册》，中国社会科学出版社1994年版。

用法》把蝌蚪式的“”和‘’作为引号的规范形式。《用法》的书名号是浪线式的﹏﹏，因排印不便，后来逐渐改为尖角式的《》。《新用法》把尖角式定为书名号的基本形式，同时规定，在古籍和某些文史著作里面，为了和专名号配合，书名号可以用浪线式。

三、符号的顺序。《用法》中的顺序是先点号后标号，问号和感叹号是点号兼标号，所以就排在点号的最后。这样前七种标点的顺序是：句号、逗号、顿号、分号、冒号、问号、感叹号。20世纪60年代，有人提出了“四种基本语气和三种句终标点”的理论①，对说明句号、问号、叹号的用法非常方便。采取这种讲法，势必要改变排列顺序。80年代有人把七种点号的排列顺序改为句号、问号、叹号、逗号、顿号、分号、冒号②，前三种是句末点号，后四种是句内点号。《新用法》采用了这种排列法。在《新用法》公布之后出版的讲解标点的著作也都采用了这种顺序。

四、定义和用法。这方面的讨论和改动比较多。

---

① 这种理论指出四种基本语气和三种句终标点存在着严整的对应关系。四种基本语气是陈述语气、疑问语气、祈使语气、感叹语气，三种句终标点是句号、问号和叹号。见袁进《标点符号学习》，人民教育出版社1962年版。

② 苏培成《标点符号的应用》，物资出版社1986年版。

1. 修改了句号、逗号和顿号的定义。《用法》指出："句号表示一句话完了之后的停顿。""逗号表示一句中间的停顿。"这个定义的优点是突出了句号和逗号的区别，一个在句末，一个在句中。不足之处是不够严密，因为并不是任何一类句子完了之后都要用句号，也不是一句话中间的任何停顿都要用逗号。《新用法》修改为："句号表示陈述句末尾的停顿。""逗号表示句子内部的一般性停顿。"这就克服了原来定义的不足。

《用法》给顿号的定义是："顿号表示话中间并列的语汇（包括作用跟并列的语汇相仿的并列的短语，并列的分句）之间的停顿。"这个定义不够简练，而且容易引起误解，以为并列的分句间也可以使用顿号（其实是有条件的）。《新用法》修改为："顿号表示句子内部并列词语之间的停顿。"这样修改简明而恰当。

2. 关于分号，《用法》的定义是："分号表示一句话中间并列的分句之间的停顿。"当时为了少用语法术语，故意没有用"复句"这个词。《新用法》改为："分号表示复句内部并列分句之间的停顿。"和《用法》相比，没有实质性的修改。由于分号用法比较复杂，不断有人提出修改定义的意见。比如，有人建议修改为："分号表示一句话中间大于逗号的停顿，常用在单句的并列成分或复句的分句之间。”[①]有人建议修改为：“分号是表示一句话中长于逗号而短于冒号的句中点号，它常常用于复句内部并列的分句之间，在一定的条件下，也可以用在其他类型的复句和某些单句中。”[②]这些修改意见都是要扩大分号的使用范围。我们认为《新用法》给分号的定义是恰当的，“分号的定义用不着修改”。[③]

3. 关于冒号的提示范围，冒号用于提起下文时，它所提示的范围要和提示性话语所提示的范围基本一致，这样才便于理解。这种认识在《标点》中已经出现了，但是没有概括为提示范围这样一个说法，后来才逐渐明确起来[④]。现在许多讲解标点的著作都有这方面的内容，有的叫提示范围，有的叫概括范围，叫法虽然不同，实际指的一样。

4. 关于引号的用法，吕叔湘先生指出：“现在引号负担太重，外文用引号的地方我们用引号，外文用斜体字母的地方我们也用引号，有时候会出现一连串的蝌蚪形，极为难看。可

---

① 钱进德《关于分号的定义》，《语文知识丛刊》（1）。

② 赵怀印《关于分号的用法和分号的定义》，《语文建设》1992年第3期。

③ 苏培成《也谈分号的定义》，《语文知识丛刊》（3）；苏培成《分号的定义用不着修改》，《语文建设》1993年第10期。

④ 王自强《标点符号用法讲话》，新知识出版社1956年版。

以考虑把引号只用于引述别人的文字或话语，一般是成段、成句；至于引一个或几个字、词、短语作为论述的对象或举例，改用「」。这样分开，比较醒目。”[①]吕先生的意见有道理，不过这样分化在目前还没有做到约定俗成，所以《新用法》没有采纳这个意见。

5．关于破折号的用法，《请颁行新式标点符号议案》规定：“（甲）表示忽转一个意思。（乙）表示夹注。与括号用法同。”《用法》做了改动，改为：“在文中表示底下有个注释性的部分。又表示意思的跃进。”《新用法》指出：“破折号标明行文中解释说明的语句。”然后又讲了其他一些用法：标明话题的突然转变，表示声音的延长，表示事项的列举分承。《新用法》这样概括比较符合当前使用的实际情况。

“表示意思的跃进”怎么不提了呢？因为遇到了意义和形式的矛盾。从意义说，破折号强调的是断，连接号强调的是连。表示意思的跃进，应该归入连接号。可是从形式说，破折号是一长横，连接号是一短横。表示意思跃进多数用一长横，从形式看应该归入破折号。对此《新用法》采取谨慎的态度，没有做出规定，留待以后看发展。而《〈标点符号用法〉解

① 吕叔湘《关于引号的意见》，《语文建设》1987年第5期。

说》则归入连接号，只举了用一短横的例子，没有举一长横的例子。这样做维护了连接号形式上的一致性，可是与当前实际使用不完全吻合。我在《标点符号实用手册》中把这种用法归入破折号，沿用了《用法》的规定，这样处理是不是合适，敬请指教。

6. 关于连接号，连接号和英文的hyphen近似，《标点》叫作连读号。当前连接号有一字线、半字线和浪纹线三种形式，在用法上要不要加以区分？如果要，又怎么分工？有人建议：用一字线连接汉字（或数字），浪纹线连接数字，半字线连接汉字以外的其他情况。这种区分很有意义，值得提倡。①

五、海峡两岸的标点统一问题。40多年来的两岸隔绝，给语文生活带来或大或小的差异。在行款和标点方面，大陆的书刊用横行。台湾的书刊用直行，这是显著的差别。这给标点的使用带来了差异。但是从总的方面来说，两岸标点的使用基本一致，有关文件对标点的规定也基本一致。两岸标点的统一从学术上说不会有大的困难。②

标点符号的规范化包括两个方面：明确标准，建立规范；

---

① 高东升《连接号的用法》，《语文建设》1995年第1期。

② 苏培成《台湾出版〈重订标点符号手册〉》，《语文建设》1995年第2期。

推广标准，纠正误用。新中国成立以来，对标点的研究不断深入，规范的标准在逐步改进。《新用法》考虑得比较全面：既考虑到一般书刊的使用，又注意到科技文献的使用；既考虑到白话文的使用，又注意到古籍出版的特殊需要。至于推广标准方面，还有大量工作要做。当前出版物中误用标点的现象还相当严重，值得引起注意。

（《语文建设》1996年第1期）

（二）句号误用何其多

句号是重要的标点，它表示陈述句末尾的停顿。要做到正确使用句号，就要有明确的句子观念，知道什么样的结构是句子，什么样的结构不是句子。今年7月，我参加了全国产业报第三次编校质量评比。在评比中，我发现句号的误用，在当今的报纸中仍然是个突出的问题，应该引起编校人员的重视。

一、少用句号。在该用句号的地方没有用句号，常常是误用了逗号，这样就把几个句子当成了一个句子。例如：

（1）曾在厂行政科工作多年的许某通过角逐，当上了装酒临时工，在这个多劳多得的岗位上，他干活卖力，月收入由原来的400元增加到700元左右。（《中国轻工报》1998年5月6日）

（2）在两个月的时间里，全局职工用自己的双手铺设了自来水管和下水道，为了节约开支，职工们泡在齐腰深的水坑中捞取旧砖，铺成了那条宽阔平坦的道路。（《中国气象报》1998年5月7日）

（3）李局长详细查看了李凤革家简陋的住房和仓房，询问了今年的备耕情况和患再生障碍性贫血的李凤革长子的病情，最后决定，拨出李凤革家的三亩地种地产药材，由正在实施药材种植计划的呼兰县医药公司并予以收购；患病的孩子若要再次检查，李局长负责请有关专家咨询诊治并尽量提供药品；李局长还从个人工资中拿出300元钱，帮助李凤革做备耕准备。（《中国医药报》1998年5月7日）

（4）市场一旦恢复人气，无论是投资还是投机，其气氛都会增加，在此情况下，上市公司最为关注的市场形象——二级市场的价格就会缓慢上升，这为上市公司出台配股方案，进行再融资带来了机会和条件。（《中国机电日报》1998年5月7日）

（5）建材产品百分之七十用在建筑业，根据发达国家的经验，人均国民生产总值在600美元至6000美元是建筑发展时期，我国正在进入这一时期，据建设部规划：到2000年要竣工各类房屋12亿平方米，同时加大道路、码头、水利等基础设施工程，这些工程为建材产品提供了广阔市

场。（《建筑时报》1998年5月7日）

（1）有两层意思，先说许某当上了装酒工，再说他收入增长的情况。这两层意思要用句号断开，第二个逗号要改为句号。另外，断开后的前一个句子，主语和谓语的分界在“许某”的后面，不在“角逐”的后面，因此第一个逗号要移到“许某”的后面。（2）有两层意思，第二个逗号要改为句号。（3）也有两层意思，第一层是了解情况，第二层是采取的措施。这两层意思要用句号分开，第二个逗号要改为句号。另外，“决定”的内容比较复杂，有三个分句，因此“决定”后面的逗号要改为冒号。“并予以收购”的“并”要去掉。（4）有三层意思，第三和第五这两个逗号要改为句号。“出台配股方案”和“进行再融资”是连谓结构，中间不要断开。最后的逗号移到“融资”的后面。（5）也有三层意思，第一和第四这两个逗号要改为句号。“据建设部规划”是介宾结构，在句内作状语表示根据。“规划”后面的冒号要改为逗号。

二、多用句号。就是在不该用句号的地方误用了句号，把一个句子断成了几个句子。例如：

（6）本技术关键是攻克了氧气不能接触油类的禁区。

降低了生产成本和氧气耗量。优于国内任何新金属焊割气。（《中国合作经济报》1998年5月5日）

（7）尽管中国信息产品制造业充满困难与艰辛。但是，中天人的信念是，不管有多大的困难和挫折，中天振兴民族工业的信念不变。（《人民邮电》1998年5月7日）

（8）我想，如果“盼盼”落户营口防撬门厂，也一定能使企业名震海内外。所以就起名为“盼盼”。（《中国经营报》1998年5月5日）

（6）是由三个分句组成的复句。“本技术”是全句的主语，一直贯穿到底。第一和第二这两个句号都要改为逗号。（7）“尽管”和“但是”相呼应，组成了转折关系复句，中间不能断开。第一个句号要改为逗号。（8）是二重复句。第一重是因果关系，用“所以”连接；第二重是假设关系，用“如果……也……”连接。“所以”前面不能用句号断开，第一个句号要改为逗号。

三、分号内包含句号。句号是句末点号，分号是句内点号，句号表示的停顿比分号大。句号内可以有分号，但是分号内不能有句号。分号内用了句号，就混淆了语句的结构。有两种改法，一种是把分号内的句号去掉，另一种是把分号改为句号。例如：

（9）就拿儿童药品来说吧，一方面儿童防病治病的常用药由于利微而无人愿意生产、销售，造成品种短缺、规格不全，小儿只好服用成人药品。许多疗效甚佳但价低利薄的普通药品，如驱蛔灵等竟然无货可进；另一方面，那些生产、推销价贵利高的补钙、补碘、补脑的营养片、营养液、营养素之类的厂家、药店乃至卫生防疫部门的工作人员却蜂拥而上，打着“为了孩子”的旗号，不管有利还是有害，利用舆论的、经济的、行政的多种手段，千方百计诱导，甚至强制少年儿童服用，以致闹出像山东省单县几百名小学生集体服用碘钙片而中毒那样的恶性事件来。（《中国医药报》1998年5月7日）

（10）申报世界遗产需要通过四道程序：其一，申报的公约缔约国向世界遗产委员会提交预备清单。若想在当年委员会全会上通过的项目，要在前一年上半年提出，并附送详细的文本资料、幻灯、录像、照片、图纸等材料。在我国，一般文化遗产由国家文物局负责推出，自然遗产由建设部负责推出，历史文化名城由建设部和国家文物局共同推出。上报国务院批准后，再由联合国教科文组织中国委员会向教科文总部申报；其二，当年5月之前，世界遗产委员会派专家来申报项目国实地考察。在实地考察中，我国政府陪同官员要回答遗产委员会专家对照申报材料提出的问题。譬如申报材料上讲，这座山里有老虎，可是专家们在考察中没有看到，你就要做出合理解释或修改申报材料；其三，专家考察后写出评估报告，报6月份召开的主席团会议，主席团的意见大致可以成为最后意见；其四，当年11月或者12月，召开全委会，申报项目在此次会议上最后通过。（《北京青年报》1998年7月17日）

（9）"一方面……；另一方面……"是并列复句，中间用了分号；可是在"一方面"引出的分句内，又出现了句号。这样使用句号是不允许的，一定要设法调整。就这个句子来说，误用不难改正。"许多疗效甚佳……无货可进"，和"一方面……服用成人药品"意思重复，应该把"许多疗效甚佳……无货可进"去掉，这样就解决了分号内有句号的问题。"如驱蛔灵等"可以移到"常用药"的后面，最好在它的后面用个逗号。（10）是另一种类型，其中的标点可以这样处理："……四道程序。其一，……。其二，……。其三，……。其四，……。"

（《新闻出版报》1999年3月25日）

（三）分号的定义用不着修改

《语文建设》1992年第3期发表了赵怀印同志写的《关于分号的用法和分号的定义》，同年第11期发表了胡双宝同志的《也谈分号的用法和定义》。赵文认为，修订本《标点符号用法》（以下简称《用法》）中给分号下的定义，“没有揭示出分号的本质属性”，“限制了分号的使用范围”，因此应该修改。胡文对赵文有所驳正。本文主要就赵文提出的问题谈一些看法。

先说复句内部分号的使用。《用法》说：“分号表示复句内部并列分句之间的停顿。”这里说的并列复句既包括单重的，如《用法》例（23），也包括多重的，如《用法》例（24）。赵文认为，除了并列复句可以使用分号外，顺承、选择、解说、递进这四类复句在一定的条件下也可以使用分号。这个意见对不对呢？我们检查一下赵文举出的八个例句，除了解说复句的例（11）是单重复句外，都是多重复句，而例（11）标点的使用是可疑的。我们再来看《用法》。《用法》在给出分号的定义后，又做了重要补充，指出："有时，在非并列关系的多重复句内也用分号。"并举出一个表示转折关系的多重复句作为例证。上面说过，赵文提出的例句，除了例（11）外，都是非并列关系的多重复句，《用法》明明指出这种多重复句中可以使用分号，这和赵文的意见是相同的。要说有不同，那就是赵文的例句虽然用的是多重复句，而在解说中却没有明确指出仅限于多重复句。这反映了赵文的认识还有不足。非并列关系的复句内可以使用分号的，仅限于多重复句，强调这一点非常重要。如果像赵文那样，不明确区分单重复句和多重复句，而是笼统地说什么顺承、选择等复句也可以使用分号，那就会给分号的使用造成混乱。赵文在提出这个问题时引用并批评了我的一个看法。我在《标点符号的规范化问题》一文中说："在转折关系、因果关系的多重复句的第一层上也可以用分号。"我这话是对《用法》的解释，并不能代替《用法》。《用法》说的是非并列关系的多重复句，并没有只限于转折关系和因果关系，我的解释只是就非并列关系中的主要类型而言。我在《〈标点符号用法〉解说》中讲到这个问题时说："这里所说的非并列关系主要指转折关系和因果关系。”（第37页）看来，我在《标点符号的规范化问题》中说的那句话，漏掉了“主要”二字，结果造成了误解。

对赵文所说的解说复句，要另外考虑。赵文举出的两个例句都有问题，现在转引如下：

（11）接着在抗战期间，陈望道、方光焘、傅东华等人又展开了语法问题的讨论；他们的文章后来由陈望道先生汇编为《中国文法革新讨论集》。

（12）不论它的声音是单音节的，还是复音节的；也不论它的意义是简单的，还是复杂的，甚至不论它的意义是有自主性的还是没有自主性的；凡是可以在组织（句子）中活动的，都可以算作一个词。

（11）是解证式的单重解说复句，在这种复句内很少用分号。双宝同志认为这个“分号就应当改用逗号”，是很有道理的。（12）是总分式的解说复句，“甚至”前面的逗号应该改为分号，第二个分号应该改为冒号。三组并列的“不论……还是……”间要用分号，由“凡是”引出的分句是对它前面的分句的总结，所以要用冒号。

附带说明一下，赵文所用的例句有的在标点上有毛病。

例如：

（9）对于功能的认识不同，判别也就不能一致，所以往往有这处不认为自成一体的，在别处认为自成一体；或者在古时不认为自成一体的，在今时认为自成一体；又或这个人不认为自成一体的，别个人却认为自成一体。

（10）我住在招待所的二楼，或者在阳台上散步；或者长久地坐在沙发上闭目养神；或者站在廊前，两只胳膊压着栏杆，隔着里西湖眺望白堤。

（9）的第二个逗号要改为句号，因为到这里一句已完。（10）的第一个逗号要改为句号或冒号，因为第一个分句和后面几个分句的关系若断若连。如果着眼于断，就用句号；如果着眼于连，就用冒号；就是不宜用逗号。

再说单句内部分号的使用。赵文认为“并列的名词性词语作宾语，其间也可使用分号”，据此对《用法》和我写的《标点符号的规范化问题》一文提出批评，认为不承认这种用法是不对的。下面转引赵文的一个例子：

（6）这四种资料是：（1）1990年《标点符号用

法》；（2）吕叔湘、朱德熙合著的《语法修辞讲话》（1951年）；（3）1951年《标点符号用法》；（4）1919年《新式标点符号议案》。

其实，赵文的批评是无的放矢，因为在《用法》中早就承认了这种说法。请看《用法》例（44）：

根据研究对象的不同，环境物理学分为以下五个分支学科：

——环境声学；

——环境光学；

——环境热学；

——环境电磁学；

——环境空气动力学。

这和赵文举出的例子，在分号的用法上是一样的，差别仅在赵文的用例没有分行，《用法》的用例分了行，而且在前面用了破折号。《用法》认为这个破折号的作用是列举分承，对分号的作用没有明说，不过显然是分开列举的各项。

把上面几点说完之后，就剩下了赵文的第一类和第二类，也就是包含有分号的复句形式作宾语需要什么条件。我认为“条件是在宾语的前面用冒号”，赵文认为宾语的前面也可以是逗号，甚至不用任何点号。下面再说说我的看法。我以为，从原则上说分号只能用在复句中，不能用在单句中。只有当带有分号的复句变为复句形式充当单句的宾语时，复句中原有的分号也就进入了单句。复句形式是个结构块，组成它的词语，连同标点，构成一个整体。为了分清语句的结构，由复句形式构成的结构块要有一个外部标志，而最好的标志就是在它的前面用个冒号。这个冒号用来引起下文，也就是引起由复句形式充当的宾语。如果说在这个地方用个逗号还可以勉强表明语句的结构，那么什么点号也不用就可能造成理解上的困难。在这种宾语的前面用冒号，主要是为了分清语句的结构。而赵文不是这样看，他认为：宾语前面用冒号“是为了突出、强调宾语的内容”；用了逗号，“突出、强调程度就比用冒号弱一些”；不用任何点号，“突出强调的程度就更弱”。句内点号的使用有时可以有灵活性，可是为了分清结构而使用的点号灵活性就小得多。句内点号的使用要讲究层次，冒号引出的由复句形式充当的宾语内出现分号，顺理成章。如果不顾语言的结构，不顾点号的层次，随便使用点号，可能给理解带来困难。有人写文章考虑用词造句时，往往不去考虑如何使用标点符号。等到复句形式出现了，觉得不用分号不行了，就随手用上个分号，这时也不去考虑与分号有关的点号是不是用得合适。总之，在这种条件下，应该以使用冒号为规范。使用逗号或者什么点号也不用，如果不说这是错误，至少也是不宜提倡的。我的看法不一定正确，欢迎继续批评。即使我的看法不正确，也不影响对《用法》的理解，因为《用法》并没有对此做出规定。正如双宝同志指出的那样，我的文章至多不过是辅导材料，而不是实施细则。要不要把这点补充进《用法》中去呢？不需要。《用法》作为政府的文件，只规定各种标点的基本用法就够了，许多细节留给写作者和语文工作者，允许他们讨论，允许他们继续实践。

总结上文，赵文提出的七个问题，有五个在《用法》中已经解决，另外两个属于次要问题，《用法》没有明文规定，人们可以保留自己的看法。这时再回到本文的开头，分号的本质属性是什么呢？就是《用法》说的，“表示复句内部并列分句之间的停顿”。这个定义是合适的，如果说有限制的话，它的限制也是必要的。因此，分号的定义用不着修改。

赵文提出的分号定义并不比《用法》好。赵文说：“分号是表示一句话中长于逗号而短于冒号的句中点号，它常常用于复句内部并列的分句之间，在一定条件下，也可以用在其他类型的复句和某些单句中。”这个定义有三个问题：1. 四种句内点号，冒号和其他三种不完全属于一个系列，表示的停顿不一定总是大于分号。2. 法规性的文件不宜使用“在一定的条件下”和“某些”这种模糊语言。3. 分号用在单句中，是一种特殊情况，《用法》用不着把各种次要的用法都列举进去，那样做反而会冲淡了问题的本质。

（《语文建设》1993年第10期）

（四）并列词语间用逗号还是用顿号？

国家标准《标点符号用法》规定："句子内部并列词语之间的停顿，用顿号。例如：a. 亚马孙河、尼罗河、密西西比河和长江是世界四大河流。b. 正方形是四边相等、四角均为直角的四边形。"例a里的"亚马孙河、尼罗河、密西西比河和长江"是四个并列的词，作全句的主语，前三项之间有两个停顿，用了顿号，后两项之间用连词"和"来连接。例b里的"四边相等、四角均为直角"是两个并列的主谓短语，作"四边形"的定语，中间的停顿用了顿号。

逗号是使用得最多的句内点号。它的用法比较复杂，也可以用来表示并列词语间的停顿。例如：

（1）近百年的经济史，近百年的政治史，近百年的军事史，近百年的文化史，简直还没有人认真动手去研究。

（2）会议讨论了治理经济环境，整顿经济秩序，全面深化改革的问题。

例（1）有四项并列的偏正短语，作主语，中间有三处停顿，用了逗号。例（2）有三项并列的动宾短语，作“问题”的定语，中间有两处停顿，用了逗号。

上面的分析告诉我们，并列词语间的停顿一般用顿号，但是有时也可以用逗号。什么时候可以用逗号呢？在句内点号中，逗号表示的停顿比顿号大，因此如果要表示比较大的停顿，就要用逗号。在并列词语间，什么时候的停顿比较大，写文章的人可以自由选择。一般地说，并列词语用作主语和宾语时，中间用逗号或顿号的都很常见；用作定语时，中间用顿号的多一些；用作状语时，中间用顿号，很少用逗号。下面是用作状语的例子：

（3）中国人在国际交往方面，应当坚决、彻底、干净、全部地消灭大国主义。

（4）辩证唯物主义认识论关于实践标准的绝对性和相对性辩证统一的观点，就是任何思想、任何理论必须无例外地、永远地、不断地接受实践的检验的观点，也就是真理发展的观点。

并列词语间除了用顿号、逗号外，还可以使用“和、或、或者、以及”等连词。受西方语文的影响，这类连词常用在多项并列词语的最后两项间，如上面的例a。并列词语间的这类连词如果不用在最后两项间，而是用在其他位置上，就有显示层次的作用。例如：

（5）在保卫国家安全、维护祖国统一和参加国家经济建设、完成抢险救灾等任务中，人民军队做出了重要贡献。

例（5）里连词“和”连接的前后两部分，是“保卫国家安全、维护祖国统一”与“参加国家经济建设、完成抢险救灾”。其中的每一部分又是并列短语，中间有停顿，用顿号来表示，“保卫国家安全、维护祖国统一和参加国家经济建设、完成抢险救灾”是有两个层次的并列短语。第一个层次里用了连词“和”，第二个层次里用了顿号。

在一个句子内可以同时使用逗号和顿号，这又有几种情况。一种是逗号表示分句间的停顿，顿号表示并列词语间的停顿。例如：

（6）家不仅仅是房子、丈夫、妻子、孩子，家是一份惦念，家是一份牵挂。

例（6）是由三个分句组成的复句，分句间有两处停顿，都用的是逗号。这个逗号不能换成顿号。“房子、丈夫、妻子、孩子”是四项并列的词，中间有三处停顿，都用的是顿号。这三个顿号也不能换成逗号。这不仅是因为这里的停顿较小，而且因为逗号已经用来表示分句间的停顿；这里再用逗号就容易混淆了不同的结构关系。

在多层次并列词语内，要分别使用逗号和顿号表示不同层次上的停顿。这一点很有用，应该注意学会。例如：

（7）BZ－ⅢG型可控式白内障冷冻摘除器具有制冷、解冻迅速，不损伤角膜或虹膜，操作方便，安全性高等优点。

例（7）“制冷、解冻迅速，不损伤角膜或虹膜，操作方便，安全性高”是并列短语，有四项，中间有三个停顿，用了三个逗号。“制冷、解冻迅速”里的“制冷”和“解冻”是并列的词，处在第二个层次，中间的停顿用了顿号。第一个层次上的停顿用逗号，第二个层次上的停顿用顿号，这就使得结构清楚、层次分明。

（《语文建设》2000年第1期）

（五）两个引号或两个书名号之间要不要加标点符号？

荣耀祥老师：

您好！7月27日来信收到了。

据我所知，并没有什么文件规定“在两个引号或两个书名号之间，不要加标点符号”。早在20世纪50年代，吕叔湘、朱德熙两位先生在《语法修辞讲话》里说过：“如果一连串的词语都是用引号括起的……一般的习惯就把这些顿号省掉了。”（见开明书店1952年版336页）。1990年公布的《标点符号用法》，对两个引号或两个书名号之间用不用顿号没有做出规定，但是在行文中有不用的例子，意在引导。如“问号”部分说：“有的句子虽然有疑问词‘谁’‘什么’‘怎么’等，但全句并不是疑问句，末尾不用句号。”这里在“谁”“什么”“怎么”之间有意地没用顿号。既然有关文件没有明确规定，出版物在引号和引号之间、书名号和书名号之间，用了逗号或顿号就不能算错。

标点符号的使用要讲究经济原则，可用可不用时就不必用，但是要有个前提，就是不能妨碍意思的表达。书名号和书名号之间一般可以不用顿号，但如果紧靠在书名号的后面有注释性的括号，那么书名号之间就要用顿号。例如：

（1）那时几个熟人都在编文学杂志，在《作家》（孟十还主编）、《译文》（黄源主编）、《文学月刊》（靳以主编）之后，烈文主编的《中流》半月刊也创刊了。（巴金《怀念烈文》）

引号和引号之间用不用顿号或逗号，可以分三点说。第一，如果几个引号里面是列举的词语，引号间可以不用顿号；当然，如果用了也不算错。下面是不用的例子：

（2）名词是事物的名称，例如“山”“水”“手”“道德”“法律”。（《语法修辞讲话》例）

第二，引号里面如果是独立的句子，而且有了句末点号，引号间以不用顿号或逗号为好，用了可能显得很难看。下面是《语法修辞讲话》里的例子：

（3）“反对丘吉尔者捐五先令！”、“一个红军的朋友捐一镑！”、“两个坐过纳粹集中营的合捐十五先令，反对武装西德！”

第三，如果引号里的是不独立的语句，引号间还是用顿号或逗号比较好看。例如：

（4）（孔子）提出“己所不欲，勿施于人”，“己欲立而立人，已欲达而达人”等论点，即所谓“忠恕”之道。（《辞海》“孔子”条）（两组引号间用了逗号）

我说的不一定合适，仅供参考。

此致

敬礼！

苏培成

2000年8月4日

附：

尊敬的苏教授：

您好！

知先生曾有专著《标点符号实用手册》出版，我想请教一个问题。即书名号或引号之间的顿号省略问题。有的文章中提到“现在新规定：在两个引号或两个书名号之间，不要加标点符号”（《语文知识》2000年第3期）。不知这种“新规定”出处何在？是文件？还是实施细则？先生的专著中有没有涉及此问题？如何处置？

即颂

文安

荣耀祥

2000年7月27日

（《语文建设》2000年第10期）

（六）破折号与连接号的分野

标点符号是形式和用法的统一体，因此标点符号的规范也要从形式和用法两个方面来考虑。下面就根据这个原则讨论破折号与连接号的分野。

标点符号是书面语里的东西，形式当然十分重要。不同的标点要用不同的形式，不宜采用相同的形式。多数标点只有一种形式，例如逗号作“，”、问号作“？”、叹号作“！”，但是也有几种标点有多于一种的形式。例如，句号是小圆圈“。”，另一种形式是小圆点“．”；书名号有尖角式和浪纹式（﹏﹏），尖角式又区分双尖角（《》）和单尖角（〈〉）。凡此种种都是为了满足实际应用的需要。同一标点的多种形式，其中必然有一种是基本形式，其余的是辅助形式；基本形式和辅助形式之间、几种辅助形式之间应该有明确的分工。

根据这种认识，1995年公布的国标本《标点符号用法》（以下称“国标本”）在处理破折号与连接号时有不妥之处。在国标本中，破折号的形式是二字线（一长横），而连接号有四种形式（二字线、一字线、半字线、浪纹线），其中有一种也是二字线。这就是说，当我们在文章中看到二字线时，不知道是破折号还是连接号。我们认为二字线只能是破折号，不能同时又是连接号。请看下面的句子：

（1）胡锦涛副主席出席了15日到17日在河内举行的东盟——中日韩领导人非正式会晤和东盟——中国领导人非正式会晤。

（2）他们在三年内对仪器做了三次重要改进，使智能化肾功能仪从YSG——Ⅰ型机发展到YSG——Ⅱ型机。

这两个句子中的二字线是连接号。按照国标本的规定这样用不算错，可是根据多数人使用标点的习惯，应该改为一字线，（2）也可以用半字线。

其次，国标本连接号的四种形式没有明确的分工，从所给的例句看，有交叉的地方。这不符合标点符号规范的原则。我们认为，在这四种形式里，除了二字线应归入破折号外，其余三种要有适当的分工：一字线是基本形式，连接号可以只用一字线，特别是在社科文献中。如果需要做精细的分工，不妨这样区分：一字线连接词语，构成复合结构；半字线连接号码、代号；浪纹线连接数字，表示数值范围。

从用法说，破折号和连接号的区分基本清楚，有争议的只有下列一种情况：

（3）在 1942 年，我们曾经把解决人民内部矛盾的这种民主的方法，具体化为一个公式，叫做“团结——批评——团结”。

（4）疑忌——接触——试用——对比——信服，这是中国人接受西医的五个环节。

1951年本《标点符号用法》规定：“破折号（——）在文中表示底下有个注释性的部分。又表示意思的跃进。”例句是：“三人小组——就地停战——和平谈判——大举进攻。这一马歇尔公式对中国人民极不生疏，因为在1946年马歇尔将军曾经帮助蒋介石如此反复地进行了一年之久，最后始宣布失败而去。”说明是：“那前面一句话说到相承的四件事情，照常例该用‘在先’‘接着’之类的语词连接起来。可是作者想到这四件事情是很紧凑的，想起这个，立即连到那个，意思好像在那里跳跃似的，所以不用‘在先’‘接着’之类的语词，用上三个破折号表示意思的跃进。”从1951年直到“文革”开始前，表示意思的跃进就用破折号，如果有谁用了一字线，就被认为是误用。

由于“文革”的影响，标点符号的规范遭到了破坏，有些人不再讲究什么二字线还是一字线。这种混乱状况甚至波及语文课本。例如：“人类的发展可以分为古猿—猿人—古人—新人这四个阶段。”（高中语文第二册），1990年版《标点符号用法》对此持慎重态度，没有表态；可是国标本改变了1951年的规定，确认表示意思的跃进用一字线连接号。这样的改动，不但没有减少使用中的混乱，相反倒是增加了混乱。

有人以《语法修辞讲话》为根据，赞成国标本的处理办法。《语法修辞讲话》并没有直接讨论意思的跃进该用什么号，可是说过：“要认清破折号的作用是‘断’不是‘连’，跟一般句读号相同。”“破折号是‘断’，连读号是‘连’。”《语法修辞讲话》说的连读号就是现在说的连接号。赞成国标本处理办法的人认为，意思的跃进自然是“连”，所以要用连接号。我们以为对这个问题还需要做些分析。

首先，《语法修辞讲话》说“破折号的作用是‘断’”，这符合破折号命名的原意。1920年颁布的《新式标点符号议案》里，破折号的第一个用法是“表不忽转一个意思”。1930年《教育部划一机关公文格式办法》规定：“破折号用以标明破文法（即所标明之文句，与上下文语气不相贯串；不加此号，则显然不合文法者）或突然转折。”可是，标点的用法是发展的。在1951年版《标点符号用法》里，破折号的主要用法改为“在文中表示底下有个注释性部分”。1990年版《标点符号用法》继承了1951年的规定，说：“破折号标明行文中解释说明的语句。”引出注释性的部分和标明解释说明的语句，不能认为是“断”。其次，意思的跃进是断还是连？很难说。相承的事情之间应该是连，可是“跟一般句逗号相同”又似乎是断。连接号的作用是连，没有问题；而破折号的作用就很复杂。所以1951年版《标点符号用法》不去纠缠是断还是连，既然用了二字线就归入破折号，而意义就是“表示意思的跃进”。这样规定符合语言实际，对应用具有指导作用。国标本规定的连接号的作用是把“两个相关的名词构成一个意义单位”，这和“表示意思的跃进”有许多不同：前者一般是两项，连接后构成一个意义单位，两项间没有意思的跃进；后者一般多于两项，连接后不能构成一个意义单位，而是表示意思的跃进。用不同的标号分别标明不同的结构，不是很自然的事吗？前者要用连接号，而要表示意思的跃进，所用的标号应该醒目突出，二字线比一字线醒目突出，这也没有疑义。1951年版《标点符号用法》的规定稳妥得当，不要轻率改动。根据这些理由，我们建议国标本《标点符号用法》里的“几个相关的项目表示递进式发展，中间用连接号”的“连接号”改为“破折号”。

（《语文建设》2000年第2期）

（七）时、分、秒之间用冒号还是用比号？

冒号和比号都是两个点，但是两个点所处的位置不同，用法也不同。冒号是语文符号，在横行文稿里两个点的位置偏下，主要用在称呼语的后边，表示提起下文；比号是数学符号，在横行文稿里两个点的位置居中，用来表示比的关系。在比较两个同类量a和b间的关系时，如果以b为单位来度量a，称为a比b，所得的数称为比值，记为a∶b=k。当两个比a∶b和c∶d的比值相等时，称这四个量a、b和c、d成比例，记作a∶b=c∶d。

用阿拉伯数字表示时、分、秒时，在时、分、秒之间用冒号还是用比号？

请看中华人民共和国国家标准GB/T7408-94《数据元和交换格式 信息交换日期和时间表示法》：

4.4分隔符的使用

［：］（冒号）——用于分隔时间元素“时”和“分”，

“分”和“秒”。

再请看中华人民共和国国家标准GB/T15835—1995《出版物上数字用法的规定》：

5.1.2时、分、秒

示例：4时 15时40分（下午3点40分） 14时12分36秒

注：必要时，可按GB/T7408-94的5.3.1.1中的扩展格式。该格式采用每日24小时计时制，时、分、秒的分隔符为冒号“：”。示例：04：00（4时） 15：40（15时40分） 14：12：36（14时12分36秒）

可见，在时、分、秒之间应该用冒号，而不能用比号。遗憾的是笔者手边经常使用的《语言文字规范手册》（语文出版社1997年第3版）第214页上的《出版物上数字用法的规定》里，把所有的冒号都印成了比号，应该靠下的两点都成了居中，让读者越看越糊涂。作为规范化的文件，不允许出现这样的错误，应该立即改正。

（《语言文字周报》2002年3月27日）

参考文献

林穗芳：《标点符号学习与应用》，人民出版社2000年1月版。

袁晖主编：《标点符号词典（修订本）》，书海出版社2000年12月版。

袁晖、管锡华、岳方遂：《标点符号流变史》，湖北教育出版社2002年9月版。

附录

标点符号用法

GB/T 15834—2011

（中华人民共和国国家质量监督检验检疫总局、中国国家标准化管理委员会2011年12月30日发布，2012年6月1日实施）

前　言

本标准按照GB/T 1.1—2009给出的规则起草。

本标准代替GB/T 15834—1995，与GB/T 15834—1995相比，主要变化如下：

——根据我国国家标准编写规则（GB/T 1.1—2009），对本标准的编排和表述做了全面修改；

——更换了大部分示例，使之更简短、通俗、规范；

——增加了对术语“标点符号”和“语段”的定

义（2.1/2.5）；

——对术语“复句”和“分句”的定义做了修改（2.3/2.4）；

——对句末点号（句号、问号、叹号）的定义做了修改，更强调句末点号与句子语气之间的关系（4.1.1/4.2.1/4.3.1）；

——对逗号的基本用法做了补充（4.4.3）；

——增加了不同形式括号用法的示例（4.9.3）；

——省略号的形式统一为六连点“……”，但在特定情况下允许连用（4.11）；

——取消了连接号中原有的二字线，将连接号形式规范为短横线“-”、一字线“—”和浪纹线“~”，并对三者的功能做了归并与划分（4.13）；

——明确了书名号的使用范围（4.15/A.13）；

——增加了分隔号的用法说明（4.17）；

——“标点符号的位置”一章的标题为“标点符号的位置和书写形式”，并增加了使用中文输入软件处理标点符号时的相关规范（第5章）；

——增加了“附录”：附录A为规范性附录，主要说明标点符号不能怎样使用和对标点符号用法加以补充说明，以解决目前使用混乱或争议较大的问题。附录B为资料性附录，对功能有交叉的标点符号的用法做了区分，并对标点符号误用高发环境下的规范用法做了说明。

本标准由教育部语言文字信息管理司提出并归口。

本标准主要起草单位：北京大学。

本标准主要起草人：沈阳、刘妍、于泳波、翁姗姗。

本标准所代替标准的历次版本发布情况为：

——GB/T 15834—1995。

1 范围

本标准规定了现代汉语标点符号的用法。

本标准适用于汉语的书面语（包括汉语和外语混合排版时的汉语部分）。

2 术语和定义

下列术语和定义适用于本文件。

2.1 标点符号 punctuation

辅助文字记录语言的符号，是书面语的有机组成部分，用来表示语句的停顿、语气以及标示某些成分（主要是词语）的特定性质和作用。

注：数学符号、货币符号、校勘符号、辞书符号、注音符号等特殊领域的专门符号不属于标点符号。

2.2 句子 sentence

前后都有较大停顿、带有一定的语气和语调、表达相对完整意义的语言单位。

2.3 复句 complex sentence

由两个或多个在意义上有密切关系的分句组成的语言单位，包括简单复句（内部只有一层语义关系）和多重复句（内部包含多层语义关系）。

2.4 分句 clause

复句内两个或多个前后有停顿、表达相对完整意义、不带有句末语气和语调、有的前面可添加关联词语的语言单位。

2.5 语段 expression

指语言片段，是对各种语言单位（如词、短语、句子、复句等）不做特别区分时的统称。

3 标点符号的种类

3.1 点号

点号的作用是点断，主要表示停顿和语气。分为句末点号和句内点号。

3.1.1 句末点号

用于句末的点号，表示句末停顿和句子的语气。包括句号、问号、叹号。

3.1.2　句内点号

用于句内的点号，表示句内各种不同性质的停顿。包括逗号、顿号、分号、冒号。

3.2　标号

标号的作用是标明，主要标示某些成分（主要是词语）的特定性质和作用。包括引号、括号、破折号、省略号、着重号、连接号、间隔号、书名号、专名号、分隔号。

4　标点符号的定义、形式和用法

4.1　句号

4.1.1　定义

句末点号的一种，主要表示句子的陈述语气。

4.1.2　形式

句号的形式是“。”。

4.1.3　基本用法

4.1.3.1　用于句子末尾，表示陈述语气。使用句号主要根据语段前后有较大停顿、带有陈述语气和语调，并不取决于句子的长短。

示例1：北京是中华人民共和国的首都。

示例2：（甲：咱们走着去吧？）乙：好。

4.1.3.2　有时也可表示较缓和的祈使语气和感叹语气。

示例1：请您稍等一下。

示例2：我不由地感到，这些普通劳动者也同样是很值得尊敬的。

4.2　问号

4.2.1　定义

句末点号的一种，主要表示句子的疑问语气。

4.2.2　形式

问号的形式是“？”。

4.2.3　基本用法

4.2.3.1　用于句子末尾，表示疑问语气（包括反问、设问等疑问类型）。使用问号主要根据语段前后有较大停顿、带有疑问语气和语调，并不取决于句子的长短。

示例1：你怎么还不回家去呢？

示例2：难道这些普通的战士不值得歌颂吗？

示例3：（一个外国人，不远万里来到中国，帮助中国的抗日战争。）这是什么精神？这是国际主义的精神。

4.2.3.2　选择问句中，通常只在最后一个选项的末尾用问号，各个选项之间一般用逗号隔开。当选项较短且选项之间几乎没有停顿时，选项之间可不用逗号。当选项较多或较长，或有意突出每个选项的独立性时，也可每个选项之后都用问号。

示例1：诗中记述的这场战争究竟是真实的历史描述，还是诗人的虚构？

示例2：这是巧合还是有意安排？

示例3：要一个什么样的结尾：现实主义的？传统的？大团圆的？荒诞的？民族形式的？有象征意义的？

示例4：（他看着我的作品称赞了我。）但到底是称赞我什么：是有几处画得好？还是什么都敢画？抑或只是一种对于失败者的无可奈何的安慰？我不得而知。

示例5：这一切都是由客观的条件造成的？还是由行为的惯性造成的？

4.2.3.3　在多个问句连用或表达疑问语气加重时，可叠用问号。通常应先单用，再叠用，最多叠用三个问号。在没有异常强烈的情感表达需要时不宜叠用问号。

示例：这就是你的做法吗？你这个总经理是怎么当的？？你怎么竟敢这样欺骗消费者？？？

4.2.3.4　问号也有标号的用法，即用于句内，表示存疑或不详。

示例1：马致远（1250？—1321），大都人，元代戏曲家、散曲家。

示例2：钟嵘（？—518），颍川长社人，南朝梁代文学批评家。

示例3：出现这样的文字错误，说明作者（编者？校者？）很不认真。

4.3　叹号

4.3.1　定义

句末点号的一种，主要表示句子的感叹语气。

4.3.2　形式

叹号的形式是“！”。

4.3.3　基本用法

4.3.3.1　用于句子末尾，主要表示感叹语气，有时也可表示强烈的祈使语气、反问语气等。使用叹号主要根据语段前后有较大停顿、带有感叹语气和语调或带有强烈的祈使、反问语气和语调，并不取决于句子的长短。

示例1：才一年不见，这孩子都长这么高啦！

示例2：你给我住嘴！

示例3：谁知道他今天是怎么搞的！

4.3.3.2　用于拟声词后，表示声音短促或突然。

示例1：咔嚓！一道闪电划破了夜空。

示例2：咚！咚咚！突然传来一阵急促的敲门声。

4.3.3.3　表示声音巨大或声音不断加大时，可叠用叹号；表达强烈语气时，也可叠用叹号，最多叠用三个叹号。在没有异常强烈的情感表达需要时不宜叠用叹号。

示例1：轰！！在这天崩地塌的声音中，女娲猛然醒来。

示例2：我要揭露！我要控诉！！我要以死抗争！！！

4.3.3.4　当句子包含疑问、感叹两种语气且都比较强烈时（如带有强烈感情的反问句和带有惊愕语气的疑问句），可在问号后再加叹号（问号、叹号各一）。

示例1：这么点困难就能把我们吓倒吗？！

示例2：他连这些最起码的常识都不懂，还敢说自己是高科技人材？！

4.4　逗号

4.4.1　定义

句内点号的一种，表示句子或语段内部的一般性停顿。

4.4.2　形式

逗号的形式是“，”。

4.4.3　基本用法

4.4.3.1　复句内各分句之间的停顿，除了有时用分号（见4.6.3.1），一般都用逗号。

示例1：不是人们的意识决定人们的存在，而是人们的社会存在决定人们的意识。

示例2：学历史使人更明智，学文学使人更聪慧，学数学使人更精细，学考古使人更深沉。

示例3：要是不相信我们的理论能反映现实，要是不相信我们的世界有内在和谐，那就不可能有科学。

4.4.3.2　用于下列各种语法位置：

a）较长的主语之后。

示例1：苏州园林建筑各种门窗的精美设计和雕镂功夫，都令人叹为观止。

b）句首的状语之后。

示例2：在苍茫的大海上，狂风卷集着乌云。

c）较长的宾语之前。

示例3：有的考古工作者认为，南方古猿生存于上新世至更新世的初期和中期。

d）带句内语气词的主语（或其他成分）之后，或带句内语气词的并列成分之间。

示例4：他呢，倒是很乐意地、全神贯注地干起来了。

示例5：（那是个没有月亮的夜晚。）可是整个村子——白房顶啦，白树木啦，雪堆啦，全看得见。

e）较长的主语中间、谓语中间和宾语中间。

示例6：母亲沉痛的诉说，以及亲眼见到的事实，都启发了我幼年时期追求真理的思想。

示例7：那姑娘头戴一顶草帽，身穿一条绿色的裙子，腰间还系着一根橙色的腰带。

示例8：必须懂得，对于文化传统，既不能不分青红皂白统统抛弃，也不能不管精华糟粕全盘继承。

f）前置的谓语之后或后置的状语、定语之前。

示例9：真美啊，这条蜿蜒的林间小路。

示例10：她吃力地站了起来，慢慢地。

示例11：我只是一个人，孤孤单单的。

4.4.3.3　用于下列各种停顿处：

a）复指成分或插说成分前后。

示例1：老张，就是原来的办公室主任，上星期已经调走了。

示例2：车，不用说，当然是头等。

b）语气缓和的感叹语、称谓语和呼唤语之后。

示例3：哎哟，这儿，快给我揉揉。

示例4：大娘，您到哪儿去啊？

示例5：喂，你是哪个单位的？

c）某些序次语（“第”字头、“其”字头及“首先”类序次语）之后。

示例6：为什么许多人都有长不大的感觉呢？原因有三：第一，父母总认为自己比孩子成熟；第二，父母总要以自己的标准来衡量孩子；第三，父母出于爱心而总不想让孩子在成长的过程中走弯路。

示例7：《玄秘塔碑》所以成为书法的范本，不外乎以下几方面的因素：其一，具有楷书点画、构体的典范性；其二，承上启下，成为唐楷的极致；其三，字如其人，爱人及字，柳公权高尚的书品、人品为后人所崇仰。

示例8：下面从三个方面讲讲语言的污染问题：首先，是特殊语言环境中的语言污染问题；其次，是滥用缩略语引起的语言污染问题；再次，是空话和废话引起的语言污染问题。

4.5　顿号

4.5.1　定义

句内点号的一种，表示语段中并列词语之间或某些序次语之后的停顿。

4.5.2　形式

顿号的形式是“、”。

4.5.3　基本用法

4.5.3.1　用于并列词语之间。

示例1：这里有自由、民主、平等、开放的风气和氛围。

示例2：造型科学、技艺精湛、气韵生动，是盛唐石雕的特色。

4.5.3.2　用于需要停顿的重复词语之间。

示例：他几次三番、几次三番地辩解着。

4.5.3.3　用于某些序次语（不带括号的汉字数字或“天干地支”类序次语）之后。

示例1：我准备讲两个问题：一、逻辑学是什么？二、怎样学好逻辑学？

示例2：风格的具体内容主要有以下四点：甲、题材；乙、用字；丙、表达；丁、色彩。

4.5.3.4　相邻或相近两数字连用表示概数通常不用顿号。若相邻两数字连用为缩略形式，宜用顿号。

示例1：飞机在6 000米高空水平飞行时，只能看到两侧八九公里和前方一二十公里范围内的地面。

示例2：这种凶猛的动物常常三五成群地外出觅食和活动。

示例3：农业是国民经济的基础，也是二、三产业的基础。

4.5.3.5　标有引号的并列成分之间、标有书名号的并列成分之间通常不用顿号。若有其他成分插在并列的引号之间或并列的书名号之间（如引语或书名号之后还有括注），宜用顿号。

示例1："日""月"构成"明"字。

示例2：店里挂着"顾客就是上帝""质量就是生命"等横幅。

示例3：《红楼梦》《三国演义》《西游记》《水浒传》，是我国长篇小说的四大名著。

示例4：李白的"白发三千丈"（《秋浦歌》）、"朝如青丝暮成雪"（《将进酒》）都是脍炙人口的诗句。

示例5：办公室里订有《人民日报》（海外版）、《光明日报》和《时代周刊》等报刊。

4.6 分号

4.6.1 定义

句内点号的一种，表示复句内部并列关系分句之间的停顿，以及非并列关系的多重复句中第一层分句之间的停顿。

4.6.2 形式

分号的形式是"；"。

4.6.3 基本用法

4.6.3.1 表示复句内部并列关系的分句（尤其当分句内部还有逗号时）之间的停顿。

示例1：语言文字的学习，就理解方面说，是得到一种知识；就运用方面说，是养成一种习惯。

示例2：内容有分量，尽管文章短小，也是有分量的；内容没有分量，即使写得再长也没有用。

4.6.3.2　表示非并列关系的多重复句中第一层分句（主要是选择、转折等关系）之间的停顿。

示例1：人还没看见，已经先听见歌声了；或者人已经转过山头望不见了，歌声还余音袅袅。

示例2：尽管人民革命的力量在开始时总是弱小的，所以总是受压的；但是由于革命的力量代表历史发展的方向，因此本质上又是不可战胜的。

示例3：不管一个人如何伟大，也总是生活在一定的环境和条件下；因此，个人的见解总难免带有某种局限性。

示例4：昨天夜里下了一场雨，以为可以凉快些；谁知没有凉快下来，反而更热了。

4.6.3.3　用于分项列举的各项之间。

示例：特聘教授的岗位职责为：一、讲授本学科的主干基础课程；二、主持本学科的重大科研项目；三、领导本学科的学术队伍建设；四、带领本学科赶超或保持世界先进水平。

4.7　冒号

4.7.1　定义

句内点号的一种，表示语段中提示下文或总结上文的停顿。

4.7.2　形式

冒号的形式是“：”。

4.7.3　基本用法

4.7.3.1　用于总说性或提示性词语（如“说”“例如”“证明”等）之后，表示提示下文。

示例1：北京紫禁城有四座城门：午门、神武门、东华门和西华门。

示例2：她高兴地说：“咱们去好好庆祝一下吧！”

示例3：小王笑着点了点头：“我就是这么想的。”

示例4：这一事实证明：人能创造环境，环境同样也能创造人。

4.7.3.2　表示总结上文。

示例：张华上了大学，李萍进了技校，我当了工人：我们都有美好的前途。

4.7.3.3　用在需要说明的词语之后，表示注释和说明。

示例1：（本市将举办首届大型书市。）主办单位：市文化局；承办单位：市图书进出口公司；时间：8月15日—20日；地点：市体育馆观众休息厅。

示例2：（做阅读理解题有两个办法。）办法之一：先读题干，再读原文，带着问题有针对性地读课文。办法之二：直接读原文，读完再做题，减少先入为主的干扰。

4.7.3.4　用于书信、讲话稿中称谓语或称呼语之后。

示例1：广平先生：……

示例2：同志们、朋友们：……

4.7.3.5　一个句子内部一般不应套用冒号。在列举式或条文式表述中，如不得不套用冒号时，宜另起段落来显示各个层次。

示例：第十条 遗产按照下列顺序继承：

第一顺序：配偶、子女、父母。

第二顺序：兄弟姐妹、祖父母、外祖父母。

4.8　引号

4.8.1　定义

标号的一种，标示语段中直接引用的内容或需要特别指出的成分。

4.8.2　形式

引号的形式有双引号"“”"和单引号"‘’"两种。左侧的为前引号，右侧的为后引号。

4.8.3　基本用法

4.8.3.1　标示语段中直接引用的内容。

示例：李白诗中就有“白发三千丈”这样极尽夸张的语句。

4.8.3.2　标示需要着重论述或强调的内容。

示例：这里所谓的“文”，并不是指文字，而是指文采。

4.8.3.3　标示语段中具有特殊含义而需要特别指出的成分，如别称、简称、反语等。

示例1：电视被称作“第九艺术”。

示例2：人类学上常把古人化石统称为尼安德特人，简称“尼人”。

示例3：有几个“慈祥”的老板把捡来的菜叶用盐浸浸就算作工友的菜肴。

4.8.3.4　当引号中还需要使用引号时，外面一层用双引号，里面一层用单引号。

示例：他问：“老师，‘七月流火’是什么意思？”

4.8.3.5　独立成段的引文如果只有一段，段首和段尾都用引号；不止一段时，每段开头仅用前引号，只在最后一段末尾用后引号。

示例：我曾在报纸上看到有人这样谈幸福：

“幸福是知道自己喜欢什么和不喜欢什么。……

“幸福是知道自己擅长什么和不擅长什么。……

“幸福是在正确的时间做了正确的选择。……”

4.8.3.6　在书写带月、日的事件、节日或其他特定意义的短语（含简称）时，通常只标引其中的月和日；需要突出和强调该事件或节日本身时，也可连同事件或节日一起标引。

示例1：“5 · 12”汶川大地震

示例2：“五四”以来的话剧，是我国戏剧中的新形式。

示例3：纪念“五四运动”90周年

4.9　括号

4.9.1　定义

标号的一种，标示语段中的注释内容、补充说明或其他特定意义的语句。

4.9.2　形式

括号的主要形式是圆括号“（ ）”，其他形式还有方括号“[ ]”、六角括号“〔 〕”和方头括号“【 】”等。

4.9.3　基本用法

4.9.3.1　标示下列各种情况，均用圆括号：

a）标示注释内容或补充说明。

示例1：我校拥有特级教师（含已退休的）17人。

示例2：我们不但善于破坏一个旧世界，我们还将善于建设一个新世界！（热烈鼓掌）

b）标示订正或补加的文字。

示例3：信纸上用稚嫩的字体写着：“阿夷（姨），

你好！”。

示例4：该建筑公司负责的建设工程全部达到优良工程（的标准）。

c）标示序次语。

示例5：语言有三个要素：（1）声音；（2）结构；（3）意义。

示例6：思想有三个条件：（一）事理；（二）心理；（三）伦理。

d）标示引语的出处。

示例7：他说得好："未画之前，不立一格；既画之后，不留一格。"（《板桥集·题画》）

e）标示汉语拼音注音。

示例8："的（de）"这个字在现代汉语中最常用。

4.9.3.2 标示作者国籍或所属朝代时，可用方括号或六角括号。

示例1：［英］赫胥黎《进化论与伦理学》

示例2：〔唐〕杜甫著

4.9.3.3 报刊标示电讯、报道的开头，可用方头括号。

示例：【新华社南京消息】

4.9.3.4 标示公文发文字号中的发文年份时，可用六角括号。

示例：国发〔2011〕3号文件

4.9.3.5　标示被注释的词语时，可用六角括号或方头括号。

示例1：〔奇观〕奇伟的景象。

示例2：【爱因斯坦】物理学家。生于德国，1933年因受纳粹政权迫害，移居美国。

4.9.3.6　除科技书刊中的数学、逻辑公式外，所有括号（特别是同一形式的括号）应尽量避免套用。必须套用括号时，宜采用不同的括号形式配合使用。

示例：〔茸（róng）毛〕很细很细的毛。

4.10　破折号

4.10.1　定义

标号的一种，标示语段中某些成分的注释、补充说明或语音、意义的变化。

4.10.2　形式

破折号的形式是“——”。

4.10.3　基本用法

4.10.3.1　标示注释内容或补充说明（也可用括号，见4.9.3.1；二者的区别另见B.1.7）。

示例1：一个矮小而结实的日本中年人——内山老板走了过来。

示例2：我一直坚持读书，想借此唤起弟妹对生活的希望——无论环境多么困难。

4.10.3.2　标示插入语（也可用逗号，见4.4.3.3）。

示例：这简直就是——说得不客气点——无耻的勾当！

4.10.3.3　标示总结上文或提示下文（也可用冒号，见4.7.3.1、4.7.3.2）。

示例1：坚强，纯洁，严于律已，客观公正——这一切都难得地集中在一个人身上。

示例2：画家开始娓娓道来——

数年前的一个寒冬，……

4.10.3.4　标示话题的转换。

示例："好香的干菜，——听到风声了吗？"赵七爷低声说道。

4.10.3.5　标示声音的延长。

示例："嘎——"传过来一声水禽被惊动的鸣叫。

4.10.3.6　标示话语的中断或间隔。

示例1："班长他牺——"小马话没说完就大哭起来。

示例2："亲爱的妈妈，你不知道我多爱您。——还有你，我的孩子！"

4.10.3.7　标示引出对话。

示例：——你长大后想成为科学家吗？

——当然想了！

4.10.3.8　标示事项列举分承。

示例：根据研究对象的不同，环境物理学分为以下五个分支学科：

——环境声学；

——环境光学；

——环境热学；

——环境电磁学；

——环境空气动力学。

4.10.3.9　用于副标题之前。

示例：飞向太平洋

——我国新型号运载火箭发射目击记

4.10.3.10　用于引文、注文后，标示作者、出处或注释者。

示例1：先天下之忧而忧，后天下之乐而乐。

——范仲淹

示例2：乐浪海中有倭人，分为百余国。

——《汉书》

示例3：很多人写好信后把信笺折成方胜形，我看大可不必。（方胜，指古代妇女戴的方形首饰，用彩绸等制作，由两

个斜方部分叠合而成。——编者注）

4.11　省略号

4.11.1　定义

标号的一种，标示语段中某些内容的省略及意义的断续等。

4.11.2　形式

省略号的形式是“……”。

4.11.3　基本用法

4.11.3.1　标示引文的省略。

示例：我们齐声朗诵起来：“……俱往矣，数风流人物，还看今朝。”

4.11.3.2　标示列举或重复词语的省略。

示例1：对政治的敏感，对生活的敏感，对性格的敏感，……这都是作家必须要有的素质。

示例2：他气得连声说：“好，好……算我没说。”

4.11.3.3　标示语意未尽。

示例1：在人迹罕至的深山密林里，假如突然看见一缕炊烟，……

示例2：你这样干，未免太……！

4.11.3.4　标示说话时断断续续。

示例：她磕磕巴巴地说：“可是……太太……我不知

道……你一定是认错了。”

4.11.3.5　标示对话中的沉默不语。

示例：“还没结婚吧？”

“……”他飞红了脸，更加忸怩起来。

4.11.3.6　标示特定的成分虚缺。

示例：只要……就……

4.11.3.7　在标示诗行、段落的省略时，可连用两个省略号（即相当于十二连点）。

示例1：从隔壁房间传来缓缓而抑扬顿挫的吟咏声——

床前明月光，疑是地上霜。

…………

示例2：该刊根据工作质量、上稿数量、参与程度等方面的表现，评选出了高校十佳记者站。还根据发稿数量、提供新闻线索情况以及对刊物的关注度等，评选出了十佳通讯员。

…………

4.12　着重号

4.12.1　定义

标号的一种，标示语段中某些重要的或需要指明的文字。

4.12.2　形式

着重号的形式是“.”标注在相应文字的下方。

4.12.3 基本用法

4.12.3.1 标示语段中重要的文字。

示例1：诗人需要表现，而不是证明。

示例2：下面对本文的理解，不正确的一项是：……

4.12.3.2 标示语段中需要指明的文字。

示例：下边加点的字，除了在词中的读法外，还有哪些读法？

着急　　　　子弹　　　　强调

4.13 连接号

4.13.1 定义

标号的一种，标示某些相关联成分之间的连接。

4.13.2 形式

连接号的形式有短横线“-”、一字线“—”和浪纹线“~”三种。

4.13.3 基本用法

4.13.3.1 标示下列各种情况，均用短横线：

a）化合物的名称或表格、插图的编号。

示例1：3-戊酮为无色液体，对眼及皮肤有强烈刺激性。

示例2：参见下页表2-8、表2-9。

b）连接号码，包括门牌号码、电话号码，以及用阿拉伯数字表示年月日等。

示例3：安宁里东路26号院3-2-11室

示例4：联系电话：010-88842603

示例5：2011-02-15

c）在复合名词中起连接作用。

示例6：吐鲁番-哈密盆地

d）某些产品的名称和型号。

示例7：WZ-10直升机具有复杂天气和夜间作战的能力。

e）汉语拼音、外来语内部的分合。

示例8：shuōshuō-xiàoxiào（说说笑笑）

示例9：盎格鲁-撒克逊人

示例10：让-雅克·卢梭（“让-雅克”为双名）

示例11：皮埃尔·孟戴斯-弗朗斯（“孟戴斯-弗朗斯”为复姓）

4.13.3.2　标示下列各种情况，一般用一字线，有时也可用浪纹线：

a）标示相关项目（如时间、地域等）的起止。

示例1：沈括（1031—1095），宋朝人。

示例2：2011年2月3日—10日

示例3：北京—上海特别旅客快车

b）标示数值范围（由阿拉伯数字或汉字数字构成）的起止。

示例4：25～30 g

示例5：第五～八课

4.14 间隔号

4.14.1 定义

标号的一种，标示某些相关联成分之间的分界。

4.14.2 形式

间隔号的形式是“·”。

4.14.3 基本用法

4.14.3.1 标示外国人名或少数民族人名内部的分界。

示例1：克里丝蒂娜·罗塞蒂

示例2：阿依古丽·买买提

4.14.3.2 标示书名与篇（章、卷）名之间的分界。

示例：《淮南子·本经训》

4.14.3.3 标示词牌、曲牌、诗体名等和题名之间的分界。

示例1：《沁园春·雪》

示例2：《天净沙·秋思》

示例3：《七律·冬云》

4.14.3.4 用在构成标题或栏目名称的并列词语之间。

示例：《天·地·人》

4.14.3.5　以月、日为标志的事件或节日，用汉字数字表示时，只在一、十一和十二月后用间隔号；当直接用阿拉伯数字表示时，月、日之间均用间隔号（半角字符）。

示例1："九一八"事变"五四"运动

示例2："一·二八"事变"一二·九"运动

示例3："3·15"消费者权益日"9·11"恐怖袭击事件

4.15　书名号

4.15.1　定义

标号的一种，标示语段中出现的各种作品的名称。

4.15.2　形式

书名号的形式有双书名号"《》"和单书名号"〈〉"两种。

4.15.3　基本用法

4.15.3.1　标示书名、卷名、篇名、刊物名、报纸名、文件名等。

示例1：《红楼梦》（书名）

示例2：《史记·项羽本纪》（卷名）

示例3：《论雷峰塔的倒掉》（篇名）

示例4：《每周关注》（刊物名）

示例5：《人民日报》（报纸名）

示例6：《全国农村工作会议纪要》（文件名）

4.15.3.2　标示电影、电视、音乐、诗歌、雕塑等各类用文字、声音、图像等表现的作品的名称。

示例1：《渔光曲》（电影名）

示例2：《追梦录》（电视剧名）

示例3：《勿忘我》（歌曲名）

示例4：《沁园春·雪》（诗词名）

示例5：《东方欲晓》（雕塑名）

示例6：《光与影》（电视节目名）

示例7：《社会广角镜》（栏目名）

示例8：《庄子研究文献数据库》（光盘名）

示例9：《植物生理学系列挂图》（图片名）

4.15.3.3　标示全中文或中文在名称中占主导地位的软件名。

示例：科研人员正在研制《电脑卫士》杀毒软件。

4.15.3.4　标示作品名的简称。

示例：我读了《念青唐古拉山脉纪行》一文（以下简称《念》），收获很大。

4.15.3.5　当书名号中还需要书名号时，里面一层用单书名号，外面一层用双书名号。

示例：《教育部关于提请审议〈高等教育自学考试试行办法〉的报告》

4.16　专名号

4.16.1　定义

标号的一种，标示古籍和某些文史类著作中出现的特定类专有名词。

4.16.2　形式

专名号的形式是一条直线，标注在相应文字的下方。

4.16.3　基本用法

4.16.3.1　标示古籍、古籍引文或某些文史类著作中出现的专有名词，主要包括人名、地名、国名、民族名、朝代名、年号、宗教名、官署名、组织名等。

示例1：<u>孙坚</u>人马被<u>刘表</u>率军围得水泄不通。（人名）

示例2：于是聚集<u>冀</u>、<u>青</u>、<u>幽</u>、<u>并</u>四州兵马七十多万准备决一死战。（地名）

示例3：当时<u>乌孙</u>及西域各国都向<u>汉</u>派遣了使节。（国名、朝代名）

示例4：从<u>咸宁</u>二年到<u>太康</u>十年，<u>匈奴</u>、<u>鲜卑</u>、<u>乌桓</u>等族人徙居塞内。（年号、民族名）

4.16.3.2　现代汉语文本中的上述专有名词，以及古籍和现代文本中的单位名、官职名、事件名、会议名、书名等不应使用专名号。必须使用标号标示时，宜使用其他相应标号（如引号、书名号等）。

4.17 分隔号

4.17.1 定义

标号的一种，标示诗行、节拍及某些相关文字的分隔。

4.17.2 形式

分隔号的形式是“／”。

4.17.3 基本用法

4.17.3.1 诗歌接排时分隔诗行（也可使用逗号和分号，见4.4.3.1／4.6.3.1）。

示例：春眠不觉晓／处处闻啼鸟／夜来风雨声／花落知多少。

4.17.3.2 标示诗文中的音节节拍。

示例：横眉／冷对／千夫指，俯首／甘为／孺子牛。

4.17.3.3 分隔供选择或可转换的两项，表示“或”。

示例：动词短语中除了作为主体成分的述语动词之外，还包括述语动词所带的宾语和／或补语。

4.17.3.4 分隔组成一对的两项，表示“和”。

示例1：13／14次特别快车

示例2：羽毛球女双决赛中国组合杜婧／于洋两局完胜韩国

名将李孝贞／李敬元。

4.17.3.5　分隔层级或类别。

示例：我国的行政区划分为：省（直辖市、自治区）／省辖市（地级市）／县（县级市、区、自治州）／乡（镇）／村（居委会）。

5　标点符号的位置和书写形式

5.1　横排文稿标点符号的位置和书写形式

5.1.1　句号、逗号、顿号、分号、冒号均置于相应文字之后，占一个字位置，居左下，不出现在一行之首。

5.1.2　问号、叹号均置于相应文字之后，占一个字位置，居左，不出现在一行之首。两个问号（或叹号）叠用时，占一个字位置；三个问号（或叹号）叠用时，占两个字位置；问号和叹号连用时，占一个字位置。

5.1.3　引号、括号、书名号中的两部分标在相应项目的两端，各占一个字位置。其中前一半不出现在一行之末，后一半不出现在一行之首。

5.1.4　破折号标在相应项目之间，占两个字位置，上下居中，不能中间断开分处上行之末和下行之首。

5.1.5　省略号占两个字位置，两个省略号连用时占四个字位置并须单独占一行。省略号不能中间断开分处上行之末和下行之首。

5.1.6　连接号中的短横线比汉字“一”略短，占半个字位置；一字线比汉字“一”略长，占一个字位置；浪纹线占一个字位置。连接号上下居中，不出现在一行之首。

5.1.7　间隔号标在需要隔开的项目之间，占半个字位置，上下居中，不出现在一行之首。

5.1.8　着重号和专名号标在相应文字的下边。

5.1.9　分隔号占半个字位置，不出现在一行之首或一行之末。

5.1.10　标点符号排在一行末尾时，若为全角字符则应占半角字符的宽度（即半个字位置），以使视觉效果更美观。

5.1.11　在实际编辑出版工作中，为排版美观、方便阅读等需要，或为避免某一小节最后一个汉字转行或出现在另外一页开头等情况（浪费版面及视觉效果差），可适当压缩标点符号所占用的空间。

5.2　竖排文稿标点符号的位置和书写形式

5.2.1　句号、问号、叹号、逗号、顿号、分号和冒号均置于相应文字之下偏右。

5.2.2　破折号、省略号、连接号、间隔号和分隔号置于相应文字之下居中，上下方向排列。

5.2.3　引号改用双引号“﹁”“﹂”和单引号“﹃”“﹄”，括号改用“︵”“︶”，标在相应项目的上下。

5.2.4　竖排文稿中使用浪线式书名号“﹏﹏”，标在相应文字的左侧。

5.2.5　着重号标在相应文字的右侧，专名号标在相应文字的左侧。

5.2.6　横排文稿中关于某些标点不能居行首或行末的要求，同样适用于竖排文稿。

附录A（规范性附录）标点符号用法的补充规则

A.1　句号用法补充规则

图或表的短语式说明文字，中间可用逗号，但末尾不用句号。即使有时说明文字较长，前面的语段已出现句号，最后结尾处仍不用句号。

示例1：行进中的学生方队

示例2：经过治理，本市市容市貌焕然一新。这是某区街道一景

A.2　问号用法补充规则

使用问号应以句子表示疑问语气为依据，而并不根据句子中包含有疑问词。当含有疑问词的语段充当某种句子成分，而

句子并不表示疑问语气时，句末不用问号。

示例1：他们的行为举止、审美趣味，甚至读什么书，坐什么车，都在媒体掌握之中。

示例2：谁也不见，什么也不吃，哪儿也不去。

示例3：我也不知道他究竟躲到什么地方去了。

A.3　逗号用法补充规则

用顿号表示较长、较多或较复杂的并列成分之间的停顿时，最后一个成分前可用“以及（及）”进行连接，“以及（及）”之前应用逗号。

示例：压力过大、工作时间过长、作息不规律，以及忽视营养均衡等，均会导致健康状况的下降。

A.4　顿号用法补充规则

A.4.1　表示含有顺序关系的并列各项间的停顿，用顿号，不用逗号。下例解释“对于”一词用法，“人”“事物”“行为”之间有顺序关系（即人和人、人和事物、人和行为、事物和事物、事物和行为、行为和行为等六种对待关系），各项之间应用顿号。

示例：〔对于〕表示人，事物，行为之间的相互对待关系。（误）

〔对于〕表示人、事物、行为之间的相互对待关

系。（正）

A.4.2　用阿拉伯数字表示年月日的简写形式时，用短横线连接号，不用顿号。

示例：2010、03、02（误）　2010-03-02（正）

A.5　分号用法补充规则

分项列举的各项有一项或多项已包含句号时，各项的末尾不能再用分号。

示例：本市先后建立起三大农业生产体系：一是建立甘蔗生产服务体系。成立糖业服务公司，主要给农民提供机耕等服务；二是建立蚕桑生产服务体系。……；三是建立热作服务体系。……。（误）

本市先后建立起三大农业生产体系：一是建立甘蔗生产服务体系。成立糖业服务公司，主要给农民提供机耕等服务。二是建立蚕桑生产服务体系。……。三是建立热作服务体系。……。（正）

A.6　冒号用法补充规则

A.6.1　冒号用在提示性话语之后引起下文。表面上类似但实际不是提示性话语的，其后用逗号。

示例1：郦道元《水经注》记载："沼西际山枕水，有唐叔虞祠。"（提示性话语）

示例2：据《苏州府志》载，苏州城内大小园林约有150多座，可算名副其实的园林之城。（非提示性话语）

A.6.2　冒号提示范围无论大小（一句话、几句话甚至几段话），都应与提示性话语保持一致（即在该范围的末尾要用句号点断）。应避免冒号涵盖范围过窄或过宽。

示例：艾滋病有三个传播途径：血液传播，性传播和母婴传播，日常接触是不会传播艾滋病的。（误）

艾滋病有三个传播途径：血液传播，性传播和母婴传播。日常接触是不会传播艾滋病的。（正）

A.6.3　冒号应用在有停顿处，无停顿处不应用冒号。

示例1：他头也不抬，冷冷地问："你叫什么名字？"（有停顿）

示例2：这事你得拿主意，光说"不知道"怎么行？（无停顿）

A.7　引号用法补充规则

"丛刊""文库""系列""书系"等作为系列著作的选题名，宜用引号标引。当"丛刊"等为选题名的一部分时，放在引号之内，反之则放在引号之外。

示例1："汉译世界学术名著丛书"

示例2："中国哲学典籍文库"

示例3：“20世纪心理学通览”丛书

A.8　括号用法补充规则

括号可分为句内括号和句外括号。句内括号用于注释句子里的某些词语，即本身就是句子的一部分，应紧跟在被注释的词语之后。句外括号则用于注释句子、句群或段落，即本身结构独立，不属于前面的句子、句群或段落，应位于所注释语段的句末点号之后。

示例：标点符号是辅助文字记录语言的符号，是书面语的有机组成部分，用来表示语句的停顿、语气以及标示某些成分（主要是词语）的特定性质和作用。（数学符号、货币符号、校勘符号等特殊领域的专门符号不属于标点符号。）

A.9　省略号用法补充规则

A.9.1　不能用多于两个省略号（多于12点）连在一起表示省略。省略号须与多点连续的连珠号相区别（后者主要是用于表示目录中标题和页码对应和连接的专门符号）。

A.9.2　省略号和“等”“等等”“什么的”等词语不能同时使用。在需要读出来的地方用“等”“等等”“什么的”等词语，不用省略号。

示例：含有铁质的食物有猪肝、大豆、油菜、菠菜……等。（误）

含有铁质的食物有猪肝、大豆、油菜、菠菜等。（正）

A.10　着重号用法补充规则

不应使用文字下加直线或波浪线等形式表示着重。文字下加直线为专名号形式（4.16）；文字下加浪纹线是特殊书名号（A.13.6）。着重号的形式统一为相应项目下加小圆点。

示例：下面对本文的理解，不正确的一项是（误）

下面对本文的理解，不正确的一项是（正）

A.11　连接号用法补充规则

浪纹线连接号用于标示数值范围时，在不引起歧义的情况下，前一数值附加符号或计量单位可省略。

示例：5公斤～100公斤（正）　　5～100公斤（正）

A.12　间隔号用法补充规则

当并列短语构成的标题中已用间隔号隔开时，不应再用“和”类连词。

示例：《水星·火星和金星》（误）

《水星·火星·金星》（正）

A.13　书名号用法补充规则

A.13.1　不能视为作品的课程、课题、奖品奖状、商标、证照、组织机构、会议、活动等名称，不应用书名号。下面均为书名号误用的示例：

示例1：下学期本中心将开设《现代企业财务管理》《市场营销》两门课程。

示例2：明天将召开《关于“两保两挂”的多视觉理论思考》课题立项会。

示例3：本市将向70岁以上（含70岁）老年人颁发《敬老证》。

示例4：本校共获得《最佳印象》《自我审美》《卡拉OK》等六个奖杯。

示例5：《闪光》牌电池经久耐用。

示例6：《文史杂志社》编辑力量比较雄厚。

示例7：本市将召开《全国食用天然色素应用研讨会》。

示例8：本报将于今年暑假举行《墨宝杯》书法大赛。

A.13.2　有的名称应根据指称意义的不同确定是否用书名号。如文艺晚会指一项活动时，不用书名号；而特指一种节目名称时，可用书名号。再如展览作为一种文化传播的组织形式时，不用书名号；特定情况下将某项展览作为一种创作的作品时，可用书名号。

示例1：2008年重阳联欢晚会受到观众的称赞和好评。

示例2：本台将重播《2008年重阳联欢晚会》。

示例3：“雪域明珠——中国西藏文化展”今天隆重开幕。

示例4：《大地飞歌艺术展》是一部大型现代艺术作品。

A.13.3　书名后面表示该作品所属类别的普通名词不标在书名号内。

示例：《我们》杂志

A.13.4　书名有时带有括注。如果括注是书名、篇名等的一部分，应放在书名号之内，反之则应放在书名号之外。

示例1：《琵琶行（并序）》

示例2：《中华人民共和国民事诉讼法（试行）》

示例3：《新政治协商会议筹备会组织条例（草案）》

示例4：《百科知识》（彩图本）

示例5：《人民日报》（海外版）

A.13.5　书名、篇名末尾如有叹号或问号，应放在书名号之内。

示例1：《日记何罪！》

示例2：《如何做到同工又同酬？》

A.13.6　在古籍或某些文史类著作中，为与专名号配合，书名号也可改用浪线式“﹏﹏”，标注在书名下方。这可以看作是特殊的专名号或特殊的书名号。

A.14　分隔号用法补充规则

分隔号又称正斜线号，须与反斜线号“\”相区别（后者主要是用于编写计算机程序的专门符号）。使用分隔号时，紧贴着分隔号的前后通常不用点号。

附录B（资料性附录）标点符号若干用法的说明

B.1 易混标点符号用法比较

B.1.1 逗号、顿号表示并列词语之间停顿的区别

逗号和顿号都表示停顿，但逗号表示的停顿长，顿号表示的停顿短。并列词语之间的停顿一般用顿号，但当并列词语较长或其后有语气词时，为了表示稍长一点的停顿，也可用逗号。

示例1：我喜欢吃的水果有苹果、桃子、香蕉和菠萝。

示例2：我们需要了解全局和局部的统一，必然和偶然的统一，本质和现象的统一。

示例3：看游记最难弄清位置和方向，前啊，后啊，左啊，右啊，看了半天，还是不明白。

B.1.2 逗号、顿号在表列举省略的“等”“等等”之类词语前的使用

并列成分之间用顿号，末尾的并列成分之后用“等”“等等”之类词语时，“等”类词前不用顿号或其他点号；并列成分之间用逗号，末尾的并列成分之后用“等”类词时，“等”

类词前应用逗号。

示例1：现代生物学、物理学、化学、数学等基础科学的发展，带动了医学科学的进步。

示例2：写文章前要想好：文章主题是什么，用哪些材料，哪些详写，哪些略写，等等。

B.1.3　逗号、分号表示分句间停顿的区别

当复句的表述不复杂、层次不多，相连的分句语气比较紧凑、分句内部也没有使用逗号表示停顿时，分句间的停顿多用逗号。当用逗号不易分清多重复句内部的层次（如分句内部已有逗号），而用句号又可能割裂前后关系的地方，应用分号表示停顿。

示例1：她拿起钥匙，开了箱上的锁，又开了首饰盒上的锁，往老地方放钱。

示例2：纵比，即以一事物的各个发展阶段作比；横比，则以此事物与彼事物相比。

B.1.4　顿号、逗号、分号在标示层次关系时的区别

句内点号中，顿号表示的停顿最短、层次最低，通常只能表示并列词语之间的停顿；分号表示的停顿最长、层次最高，可以用来表示复句的第一层分句之间的停顿；逗号介于两者之间，既可表示并列词语之间的停顿，也可表示复句中分句之

间的停顿。若分句内部已用逗号，分句之间就应用分号（见B.1.3示例2）。用分号隔开的几个并列分句不能由逗号统领或总结。

示例1：有的学会烤烟，自己做挺讲究的纸烟和雪茄；有的学会蔬菜加工，做的番茄酱能吃到冬天；有的学会蔬菜腌渍、窖藏，使秋菜接上春菜。

示例2：动物吃植物的方式多种多样，有的是把整个植物吃掉，如原生动物；有的是把植物的大部分吃掉，如鼠类；有的是吃掉植物的要害部位，如鸟类吃掉植物的嫩芽。（误）

动物吃植物的方式多种多样：有的是把整个植物吃掉，如原生动物；有的是把植物的大部分吃掉，如鼠类；有的是吃掉植物的要害部位，如鸟类吃掉植物的嫩芽。（正）

B.1.5　冒号、逗号用于“说”“道”之类词语后的区别

位于引文之前的“说”“道”后用冒号。位于引文之后的“说”“道”分两种情况：处于句末时，其后用句号；“说”“道”后还有其他成分时，其后用逗号。插在话语中间的“说”“道”类词语后只能用逗号表示停顿。

示例1：他说：“晚上就来家里吃饭吧。”

示例2：“我真的很期待。”他说。

示例3：“我有件事忘了说……”他说，表情有点为难。

示例4："现在请皇上脱下衣服，"两个骗子说，"好让我们为您换上新衣。"

B.1.6　不同点号表示停顿长短的排序

各种点号都表示说话时的停顿。句号、问号、叹号都表示句子完结，停顿最长。分号用于复句的分句之间，停顿长度介于句末点号和逗号之间，而短于冒号。逗号表示一句话中间的停顿，又短于分号。顿号用于并列词语之间，停顿最短。通常情况下，各种点号表示的停顿由长到短为：句号=问号=叹号＞冒号（指涵盖范围为一句话的冒号）＞分号＞逗号＞顿号。

B.1.7　破折号与括号表示注释或补充说明时的区别

破折号用于表示比较重要的解释说明，这种补充是正文的一部分，可与前后文连读；而括号表示比较一般的解释说明，只是注释而非正文，可不与前后文连读。

示例1：在今年——农历虎年，必须取得比去年更大的成绩。

示例2：哈雷在牛顿思想的启发下，终于认出了他所关注的彗星（该星后人称为哈雷彗星）。

B.1.8　书名号、引号在"题为……""以……为题"格式中的使用

"题为……""以……为题"中的"题"，如果是诗文、图书、报告或其他作品可作为篇名、书名看待时，可用书名

号；如果是写作、科研、辩论、谈话的主题，非特定作品的标题，应用引号。即“题为……”“以……为题”中的“题”应根据其类别分别按书名号和引号的用法处理。

示例1：有篇题为《柳宗元的诗》的文章，全文才2 000字，引文不实却达11处之多。

示例2：今天一个以“地球·人口·资源·环境”为题的大型宣传活动在此间举行。

示例3：《我的老师》写于1956年9月，是作者应《教师报》之约而写的。

示例4：“我的老师”这类题目，同学们也许都写过。

B.2　两个标点符号连用的说明

B.2.1　行文中表示引用的引号内外的标点用法

当引文完整且独立使用，或虽不独立使用但带有问号或叹号时，引号内句末点号应保留。除此之外，引号内不用句末点号。当引文处于句子停顿处（包括句子末尾）且引号内未使用点号时，引号外应使用点号：当引文位于非停顿处或者引号内已使用句末点号时，引号外不用点号。

示例1：“沉舟侧畔千帆过，病树前头万木春。”他最喜欢这两句诗。

示例2：书价上涨令许多读者难以接受，有些人甚至发出“还买得起书吗？”的疑问。

示例3：他以“条件还不成熟，准备还不充分”为由，否决了我们的提议。

示例4：你这样“明日复明日”地要拖到什么时候？

示例5：司马迁为了完成《史记》的写作，使之“藏之名山”，忍受了人间最大的侮辱。

示例6：在施工中要始终坚持“把质量当生命”。

示例7：“言之无文，行而不远”这句话，说明了文采的重要。

示例8：俗话说：“墙头一根草，风吹两边倒。”用这句话来形容此辈再恰当不过。

B.2.2　行文中括号内外的标点用法

括号内行文末尾需要时可用问号、叹号和省略号。除此之外，句内括号行文末尾通常不用标点符号。句外括号行文末尾是否用句号由括号内的语段结构决定：若语段较长、内容复杂，应用句号。句内括号外是否用点号取决于括号所处位置：若句内括号处于句子停顿处，应用点号。句外括号外通常不用点号。

示例1：如果不采取（但应如何采取呢？）十分具体的控制措施，事态将进一步扩大。

示例2：3分钟过去了（仅仅才3分钟！），从眼前穿梭而过的出租车竟达32辆！

示例3：她介绍时用了一连串比喻（有的状如树枝，有的貌似星海……），非常形象。

示例4：科技协作合同（包括科研、试制、成果推广等）根据上级主管部门或有关部门的计划签订。

示例5：应把夏朝看作原始公社向奴隶制国家过渡时期。（龙山文化遗址里，也有俯身葬。俯身者很可能就是奴隶。）

示例6：问：你对你不喜欢的上司是什么态度？

答：感情上疏远，组织上服从。（掌声，笑声）

示例7：古汉语（特别是上古汉语），对于我来说，有着常人无法想象的吸引力。

示例8：由于这种推断尚未经过实践的考验，我们只能把它作为假设（或假说）提出来。

示例9：人际交往过程就是使用语词传达意义的过程。（严格说，这里的“语词”应为语词指号。）

B.2.3　破折号前后的标点用法

破折号之前通常不用点号；但根据句子结构和行文需要，有时也可分别使用句内点号或句末点号。破折号之后通常不会紧跟着使用其他点号；但当破折号表示语音的停顿或延长时，根据语气表达的需要，其后可紧接问号或叹号。

示例1：小妹说："我现在工作得挺好，老板对我不错，工资也挺高。——我能抽支烟吗？"（表示话题的转折）

示例2：我不是自然主义者，我主张文学高于现实，能够稍稍居高临下地去看现实，因为文学的任务不仅在于反映现实。光描写现存的事物还不够，还必须记住我们所希望的和可能产生的事物。必须使现象典型化。应该把微小而有代表性的事物写成重大的和典型的事物。——这就是文学的任务。（表示对前几句话的总结）

示例3："是他——？"石一川简直不敢相信自己的耳朵。

示例4："我终于考上大学啦！我终于考上啦——！"金石开兴奋得快要晕过去了。

B.2.4　省略号前后的标点用法

省略号之前通常不用点号。以下两种情况例外：省略号前的句子表示强烈语气、句末使用问号或叹号时；省略号前不用点号就无法标示停顿或表明结构关系时。省略号之后通常也不用点号，但当句末表达强烈的语气或感情时，可在省略号后用问号或叹号；当省略号后还有别的话、省略的文字和后面的话不连续且有停顿时，应在省略号后用点号；当表示特定格式的成分虚缺时，省略号后可用点号。

示例1：想起这些，我就觉得一辈子都对不起你。你对梁家的好，我感激不尽！……

示例2：他进来了，……一身军装，一张朴实的脸，站在我们面前显得很高大，很年轻。

示例3：这，这是……？

示例4：动物界的规矩比人类还多，野骆驼、野猪、黄羊……，直至塔里木兔、跳鼠，都是各行其路，决不混淆。

示例5：大火被渐渐扑灭，但一片片油污又旋即出现在遇难船旁……。清污船迅速赶来，并施放围栏以控制油污。

示例6：如果……，那么……。

B.3　序次语之后的标点用法

B.3.1　“第”“其”字头序次语，或“首先”“其次”“最后”等做序次语时，后用逗号（见4.4.3.3）。

B.3.2　不带括号的汉字数字或“天干地支”做序次语时，后用顿号（见4.5.3.2）。

B.3.3　不带括号的阿拉伯数字、拉丁字母或罗马数字做序次语时，后面用下脚点（该符号属于外文的标点符号）。

示例1：总之，语言的社会功能有三点：1. 传递信息，交流思想；2. 确定关系，调节关系；3. 组织生活，组织生产。

示例2：本课一共讲解三个要点：A. 生理停顿：B. 逻辑

停顿；C. 语法停顿。

B.3.4 加括号的序次语后面不用任何点号。

示例1：受教育者应履行以下义务：（一）遵守法律、法规；（二）努力学习，完成规定的学习任务；（三）遵守所在学校或其他教育机构的制度。

示例2：科学家很重视下面几种才能：（1）想象力；（2）直觉的理解力；（3）数学能力。

B.3.5 阿拉伯数字与下脚点结合表示章节关系的序次语末尾不用任何点号。

示例：3 停顿

3.1 生理停顿

3.2 逻辑停顿

B.3.6 用于章节、条款的序次语后宜用空格表示停顿。

示例：第一课 春天来了

B.3.7 序次简单、叙述性较强的序次语后不用标点符号。

示例：语言的社会功能共有三点：一是传递信息；二是确定关系；三是组织生活。

B.3.8 同类数字形式的序次语，带括号的通常位于不带括号的下一层。通常第一层是带有顿号的汉字数字；第二层是带括号的汉字数字；第三层是带下脚点的阿拉伯数字；第四层是带括号的阿拉伯数字；再往下可以是带圈的阿拉伯数字或小写拉丁字母。一般可根据文章特点选择从某一层序次语开始行文，选定之后应顺着序次语的层次向下行文，但使用层次较低的序次语之后不宜反过来再使用层次更高的序次语。

示例：一、……

（一）……

1.……

（1）……

①／a.……

B.4　文章标题的标点用法

文章标题的末尾通常不用标点符号，但有时根据需要可用问号、叹号或省略号。

示例1：看看电脑会有多聪明，让它下盘围棋吧

示例2：猛龙过江：本店特色名菜

示例3：严防“电脑黄毒”危害少年

示例4：回家的感觉真好

——访大赛归来的本市运动员

示例5：里海是湖，还是海？

示例6：人体也是污染源！

示例7：和平协议签署之后……

苏培成著作单行本目录

1.《怎样使用标点符号》，北京人民出版社1974年1月版，北京出版社1980年2月修订版。

2.《标点符号的应用》，中国物资出版社1986年6月版。

3.《现代汉语语法基本知识》，北京教育出版社1986年9月版。

4.《文字工作者实用语文手册》，与费锦昌合著，中国国际广播出版社1988年12月版。

5.《汉字简化字与繁体字对照字典》，中信出版社1992年6月版，新加坡智力出版社1994年版，香港海峰出版社、中信出版社1994年版，台湾珠海出版有限公司1994年10月版。《繁简字对照字典》，语文出版社2007年7月版。

6.《标点符号实用手册》，中国社会科学出版社1994年4月版，语文出版社1999年修订本，外语教学与研究出版社2010年3

月增订本。

7.《现代汉字学纲要》，北京大学出版社1994年10月版，2001年12月增订本，韩国学古房2007年2月韩文版（李圭甲译）2014年6月商务印书馆出版第3版。

8.《汉字形义分析字典》，与曹先擢共同主编，北京大学出版社1999年1月版。修订后，改名为《汉字源流精解字典》，人民教育出版社，2015年12月版。

9.《错别字辨析字典》，苏培成主编，中信出版社2000年1月版。

10.《一门新学科：现代汉字学》（语文小丛书），语文出版社2000年7月版。

11.《二十世纪的现代汉字研究》，书海出版社2001年8月版。

12.《关注社会语文生活》，上海辞书出版社2003年2月版。

13.《语言文字应用探索》，商务印书馆2004年10月版。

14.《现代汉语辨析字典》，苏培成主编，上海辞书出版社2005年1月版。

15.《新华多功能字典》，与曹先擢共同主编，商务印书馆2005年12月版。

16.《中国语文现代化的回顾与展望》（语文小丛书），语文出版社2007年3月版。

17.《语言文字应用丛稿》，语文出版社2010年6月版。

18.《台湾与大陆常用汉字对照字典》，商务印书馆2010年12月版。

19.《当代中国的语文改革和语文规范》，苏培成主编，商务印书馆2010年12月版。

20.《语言文字应用论集》，人民教育出版社2015年5月版。

21.《语文书简——周有光与苏培成通信集》，苏培成编，浙江大学出版社2016年6月版。

22.《新华大字典》，与张联荣共同主编，商务印书馆2017年5月版。

苏培成编选的论文集目录

1.《语言病例分析》，苏培成主编，南开大学出版社1985年12月版。

2.《科学地评价汉语汉字》，与尹斌庸合作，华语教学出版社1994年版。

3.《现代汉字规范化问题》，与尹斌庸合作，语文出版社1995年4月版，1999年12月日本大修馆书店出版日译本（阿哲次等译）。

4.《语文现代化论丛》第二辑，语文出版社1996年9月版。

5.《语文现代化论丛》第四辑，北京大学出版社2000年6月版。

6.《现代汉字学参考资料》，北京大学出版社2001年12月版。

7.《周有光语文论集》（1—4卷），上海文化出版社2002年1月版。

8.《语文现代化论文集》，与颜逸明、尹斌庸合编，商务印书馆2002年10月版。

9.《语文现代化论丛》第五辑，语文出版社2003年10月版。

10.《信息网络时代的汉语拼音》，语文出版社2003年10月版。

11.《语文现代化和汉语拼音方案》，与陆俭明合编，语文出版社2004年2月版。

12.《周有光语言学论文集》，商务印书馆2004年12月版。

13.《报刊逻辑与语言病例评析1100例》，首都师范大学出版社2010年12月版。

国家新闻出版广电总局
首届向全国推荐中华优秀传统文化普及图书

大家小书书目

国学救亡讲演录	章太炎　著　蒙　木　编
门外文谈	鲁　迅　著
经典常谈	朱自清　著
语言与文化	罗常培　著
习坎庸言校正	罗　庸　著　杜志勇　校注
鸭池十讲（增订本）	罗　庸　著　杜志勇　编订
古代汉语常识	王　力　著
国学概论新编	谭正璧　编著
文言尺牍入门	谭正璧　著
日用交谊尺牍	谭正璧　著
敦煌学概论	姜亮夫　著
训诂简论	陆宗达　著
金石丛话	施蛰存　著
常识	周有光　著　叶　芳　编
文言津逮	张中行　著
经学常谈	屈守元　著
国学讲演录	程应镠　著
英语学习	李赋宁　著
中国字典史略	刘叶秋　著
语文修养	刘叶秋　著
笔祸史谈丛	黄　裳　著
古典目录学浅说	来新夏　著
闲谈写对联	白化文　著
汉字知识	郭锡良　著
怎样使用标点符号（增订本）	苏培成　著
汉字构型学讲座	王　宁　著

诗境浅说	俞陛云　著
唐五代词境浅说	俞陛云　著
北宋词境浅说	俞陛云　著
南宋词境浅说	俞陛云　著
人间词话新注	王国维　著　滕咸惠　校注
苏辛词说	顾　随　著　陈　均　校
诗论	朱光潜　著
唐五代两宋词史稿	郑振铎　著
唐诗杂论	闻一多　著
诗词格律概要	王　力　著
唐宋词欣赏	夏承焘　著
槐屋古诗说	俞平伯　著
词学十讲	龙榆生　著
词曲概论	龙榆生　著
唐宋词格律	龙榆生　著
楚辞讲录	姜亮夫　著
读词偶记	詹安泰　著
中国古典诗歌讲稿	浦江清　著 浦汉明　彭书麟　整理
唐人绝句启蒙	李霁野　著
唐宋词启蒙	李霁野　著
唐诗研究	胡云翼　著
风诗心赏	萧涤非　著　萧光乾　萧海川　编
人民诗人杜甫	萧涤非　著　萧光乾　萧海川　编
唐宋词概说	吴世昌　著
宋词赏析	沈祖棻　著
唐人七绝诗浅释	沈祖棻　著
道教徒的诗人李白及其痛苦	李长之　著
英美现代诗谈	王佐良　著　董伯韬　编
闲坐说诗经	金性尧　著
陶渊明批评	萧望卿　著

古典诗文述略	吴小如 著
诗的魅力 ——郑敏谈外国诗歌	郑 敏 著
新诗与传统	郑 敏 著
一诗一世界	邵燕祥 著
舒芜说诗	舒 芜 著
名篇词例选说	叶嘉莹 著
汉魏六朝诗简说	王运熙 著 董伯韬 编
唐诗纵横谈	周勋初 著
楚辞讲座	汤炳正 著 汤序波 汤文瑞 整理
好诗不厌百回读	袁行霈 著
山水有清音 ——古代山水田园诗鉴要	葛晓音 著
红楼梦考证	胡 适 著
《水浒传》考证	胡 适 著
《水浒传》与中国社会	萨孟武 著
《西游记》与中国古代政治	萨孟武 著
《红楼梦》与中国旧家庭	萨孟武 著
《金瓶梅》人物	孟 超 著 张光宇 绘
水泊梁山英雄谱	孟 超 著 张光宇 绘
水浒五论	聂绀弩 著
《三国演义》试论	董每戡 著
《红楼梦》的艺术生命	吴组缃 著 刘勇强 编
《红楼梦》探源	吴世昌 著
《西游记》漫话	林 庚 著
史诗《红楼梦》	何其芳 著 王叔晖 图 蒙 木 编
细说红楼	周绍良 著
红楼小讲	周汝昌 著 周伦玲 整理

曹雪芹的故事	周汝昌　著　周伦玲　整理
古典小说漫稿	吴小如　著
三生石上旧精魂 ——中国古代小说与宗教	白化文　著
《金瓶梅》十二讲	宁宗一　著
中国古典小说十五讲	宁宗一　著
古体小说论要	程毅中　著
近体小说论要	程毅中　著
《聊斋志异》面面观	马振方　著
《儒林外史》简说	何满子　著

我的杂学	周作人　著　张丽华　编
写作常谈	叶圣陶　著
中国骈文概论	瞿兑之　著
谈修养	朱光潜　著
给青年的十二封信	朱光潜　著
论雅俗共赏	朱自清　著
文学概论讲义	老　舍　著
中国文学史导论	罗　庸　著　杜志勇　辑校
给少男少女	李霁野　著
古典文学略述	王季思　著　王兆凯　编
古典戏曲略说	王季思　著　王兆凯　编
鲁迅批判	李长之　著
唐代进士行卷与文学	程千帆　著
说八股	启　功　张中行　金克木　著
译余偶拾	杨宪益　著
文学漫识	杨宪益　著
三国谈心录	金性尧　著
夜阑话韩柳	金性尧　著
漫谈西方文学	李赋宁　著
历代笔记概述	刘叶秋　著

周作人概观	舒　芜　著
古代文学入门	王运熙　著　董伯韬　编
有琴一张	资中筠　著
中国文化与世界文化	乐黛云　著
新文学小讲	严家炎　著
回归，还是出发	高尔泰　著
文学的阅读	洪子诚　著
中国文学1949—1989	洪子诚　著
鲁迅作品细读	钱理群　著
中国戏曲	么书仪　著
元曲十题	么书仪　著
唐宋八大家 ——古代散文的典范	葛晓音　选译
辛亥革命亲历记	吴玉章　著
中国历史讲话	熊十力　著
中国史学入门	顾颉刚　著　何启君　整理
秦汉的方士与儒生	顾颉刚　著
三国史话	吕思勉　著
史学要论	李大钊　著
中国近代史	蒋廷黻　著
民族与古代中国史	傅斯年　著
五谷史话	万国鼎　著　徐定懿　编
民族文话	郑振铎　著
史料与史学	翦伯赞　著
秦汉史九讲	翦伯赞　著
唐代社会概略	黄现璠　著
清史简述	郑天挺　著
两汉社会生活概述	谢国桢　著
中国文化与中国的兵	雷海宗　著
元史讲座	韩儒林　著

魏晋南北朝史稿	贺昌群　著
汉唐精神	贺昌群　著
海上丝路与文化交流	常任侠　著
中国史纲	张荫麟　著
两宋史纲	张荫麟　著
北宋政治改革家王安石	邓广铭　著
从紫禁城到故宫 ——营建、艺术、史事	单士元　著
春秋史	童书业　著
明史简述	吴　晗　著
朱元璋传	吴　晗　著
明朝开国史	吴　晗　著
旧史新谈	吴　晗　著　习　之　编
史学遗产六讲	白寿彝　著
先秦思想讲话	杨向奎　著
司马迁之人格与风格	李长之　著
历史人物	郭沫若　著
屈原研究（增订本）	郭沫若　著
考古寻根记	苏秉琦　著
舆地勾稽六十年	谭其骧　著
魏晋南北朝隋唐史	唐长孺　著
秦汉史略	何兹全　著
魏晋南北朝史略	何兹全　著
司马迁	季镇淮　著
唐王朝的崛起与兴盛	汪　篯　著
南北朝史话	程应镠　著
二千年间	胡　绳　著
论三国人物	方诗铭　著
辽代史话	陈　述　著
考古发现与中西文化交流	宿　白　著
清史三百年	戴　逸　著

清史寻踪	戴　逸　著
走出中国近代史	章开沅　著
中国古代政治文明讲略	张传玺　著
艺术、神话与祭祀	张光直　著
	刘　静　乌鲁木加甫　译
中国古代衣食住行	许嘉璐　著
辽夏金元小史	邱树森　著
中国古代史学十讲	瞿林东　著
历代官制概述	瞿宣颖　著
宾虹论画	黄宾虹　著
中国绘画史	陈师曾　著
和青年朋友谈书法	沈尹默　著
中国画法研究	吕凤子　著
桥梁史话	茅以升　著
中国戏剧史讲座	周贻白　著
中国戏剧简史	董每戡　著
西洋戏剧简史	董每戡　著
俞平伯说昆曲	俞平伯　著　陈　均　编
新建筑与流派	童　寯　著
论园	童　寯　著
拙匠随笔	梁思成　著　林　洙　编
中国建筑艺术	梁思成　著　林　洙　编
沈从文讲文物	沈从文　著　王　风　编
中国画的艺术	徐悲鸿　著　马小起　编
中国绘画史纲	傅抱石　著
龙坡谈艺	台静农　著
中国舞蹈史话	常任侠　著
中国美术史谈	常任侠　著
说书与戏曲	金受申　著
世界美术名作二十讲	傅　雷　著

中国画论体系及其批评　李长之　著
金石书画漫谈　启　功　著　赵仁珪　编
吞山怀谷
——中国山水园林艺术　汪菊渊　著
故宫探微　朱家溍　著
中国古代音乐与舞蹈　阴法鲁　著　刘玉才　编
梓翁说园　陈从周　著
旧戏新谈　黄　裳　著
民间年画十讲　王树村　著　姜彦文　编
民间美术与民俗　王树村　著　姜彦文　编
长城史话　罗哲文　著
天工人巧
——中国古园林六讲　罗哲文　著
现代建筑奠基人　罗小未　著
世界桥梁趣谈　唐寰澄　著
如何欣赏一座桥　唐寰澄　著
桥梁的故事　唐寰澄　著
园林的意境　周维权　著
万方安和
——皇家园林的故事　周维权　著
乡土漫谈　陈志华　著
现代建筑的故事　吴焕加　著
中国古代建筑概说　傅熹年　著

简易哲学纲要　蔡元培　著
大学教育　蔡元培　著
北大元培学院　编
老子、孔子、墨子及其学派　梁启超　著
春秋战国思想史话　嵇文甫　著
晚明思想史论　嵇文甫　著
新人生论　冯友兰　著

中国哲学与未来世界哲学	冯友兰　著
谈美	朱光潜　著
谈美书简	朱光潜　著
中国古代心理学思想	潘　菽　著
新人生观	罗家伦　著
佛教基本知识	周叔迦　著
儒学述要	罗　庸　著　杜志勇　辑校
老子其人其书及其学派	詹剑峰　著
周易简要	李镜池　著　李铭建　编
希腊漫话	罗念生　著
佛教常识答问	赵朴初　著
维也纳学派哲学	洪　谦　著
大一统与儒家思想	杨向奎　著
孔子的故事	李长之　著
西洋哲学史	李长之　著
哲学讲话	艾思奇　著
中国文化六讲	何兹全　著
墨子与墨家	任继愈　著
中华慧命续千年	萧萐父　著
儒学十讲	汤一介　著
汉化佛教与佛寺	白化文　著
传统文化六讲	金开诚　著　金舒年　徐令缘　编
美是自由的象征	高尔泰　著
艺术的觉醒	高尔泰　著
中华文化片论	冯天瑜　著
儒者的智慧	郭齐勇　著

中国政治思想史	吕思勉　著
市政制度	张慰慈　著
政治学大纲	张慰慈　著
民俗与迷信	江绍原　著　陈泳超　整理

政治的学问	钱端升　著　钱元强　编
从古典经济学派到马克思	陈岱孙　著
乡土中国	费孝通　著
社会调查自白	费孝通　著
怎样做好律师	张思之　著　孙国栋　编
中西之交	陈乐民　著
律师与法治	江　平　著　孙国栋　编
中华法文化史镜鉴	张晋藩　著
新闻艺术（增订本）	徐铸成　著
经济学常识	吴敬琏　著　马国川　编

中国化学史稿	张子高　编著
中国机械工程发明史	刘仙洲　著
天道与人文	竺可桢　著　施爱东　编
中国医学史略	范行准　著
优选法与统筹法平话	华罗庚　著
数学知识竞赛五讲	华罗庚　著
中国历史上的科学发明（插图本）	钱伟长　著

出版说明

“大家小书”多是一代大家的经典著作，在还属于手抄的著述年代里，每个字都是经过作者精琢细磨之后所拣选的。为尊重作者写作习惯和遣词风格、尊重语言文字自身发展流变的规律，为读者提供一个可靠的版本，“大家小书”对于已经经典化的作品不进行现代汉语的规范化处理。

提请读者特别注意。

北京出版社